EL PEQUEÑO LIBRO DEL
ESTOICISMO

Jonas Salzgeber es un joven emprendedor y escritor, creador, junto con su hermano, de una web de desarrollo personal que recibe más de 50.000 visitas al mes. También es un autor de éxito internacional que escribe libros y artículos sobre estoicismo, productividad y autodisciplina. Su pasión es el desarrollo personal y ha viajado por todo el mundo para aprender a vivir mejor. En la actualidad, después de tanto buscar, considera el estoicismo la clave de la confianza en uno mismo y de la excelencia. *El pequeño libro del estoicismo*, definido por la prensa como el libro sobre filosofía estoica «más práctico y adecuado para principiantes», ha sido número uno en Amazon.

Código BIC: VS | Código BISAC: PHI005000
Diseño de cubierta: Opalworks

JONAS SALZGEBER

EL PEQUEÑO LIBRO DEL
ESTOICISMO

SABIDURÍA, RESILIENCIA, CONFIANZA Y CALMA
DE LA MANO DE LOS FILÓSOFOS CLÁSICOS

Traducción de Rut Abadía

Argentina • Chile • Colombia • España
Estados Unidos • México • Perú • Uruguay

Título original: *The little Book of Stoicism*
Editor original: Jonas Salzgeber
Traducción: Rut Abadía

1.ª edición en **books4pocket** Junio 2025

Copyright © 2019 Jonas Salzgeber
This edition has been licensed to Ediciones Urano for its publication
in Spanish through the mediation of Montse Cortazar Literary Agency
(www.montsecortazar.com)
All Rights Reserved
Ilustraciones: Copyright © 2021 Jonas Salzgeber
© 2021 de la traducción *by* Rut Abadía
© 2021, 2025 *by* Urano World Spain, S.A.U.
Plaza de los Reyes Magos, 8, piso 1.º C y D – 28007 Madrid
www.edicionesurano.com
www.books4pocket.com

ISBN: 978-84-19130-54-9
E-ISBN: 978-84-18480-72-0
Depósito legal: M-9.975-2025

Fotocomposición: Urano World Spain, S.A.U.

Impreso por Novoprint, S.A. – Energía 53 – Sant Andreu de la Barca (Barcelona)

Impreso en España – *Printed in Spain*

Sumario

PRIMERA PARTE
¿Qué es el estoicismo?

SEGUNDA PARTE
55 prácticas estoicas

El poder de la filosofía

«Increíble es la fuerza de la filosofía contra los reveses de la fortuna. Robusta y sólida, ningún dardo puede clavarse en ella; rechaza los golpes ligeros con desnudo pecho, y devuelve los otros contra los mismos que los lanzan. Adiós.»

SÉNECA

Introducción

Tal vez te hayas topado con una cita inteligente de un antiguo filósofo estoico o hayas leído un artículo que compartía algunas ideas estoicas inspiradoras. Tal vez un amigo te haya hablado de esa antigua filosofía útil y próspera o hayas estudiado un libro o dos sobre el estoicismo. O, tal vez, aunque hay muy pocas probabilidades, nunca hayas oído hablar de ella.

Sin embargo, tropezarse con el estoicismo de una forma u otra es la parte fácil. Entender y explicar exactamente lo que es, sin embargo, es la parte difícil. Reconocer y ver exactamente cuán relevante es hoy en día y cómo puede ayudarte, es la parte desafiante. Comprenderlo plenamente y ponerlo en práctica es la parte ambiciosa: ahí es donde se encuentra el tesoro.

Lo que los estoicos enseñaban y practicaban en la época de los gladiadores que luchaban por su vida y de los romanos que socializaban en baños humeantes sigue siendo notablemente aplicable a la era de *Juego de tronos* y Facebook. La sabiduría de esta antigua filosofía es intemporal, y su valor en la búsqueda de una vida feliz y con sentido es innegable.

Con este libro, tienes el mapa del tesoro en tus manos. Conocerás a los principales filósofos. Encontrarás una visión general de la filosofía fácil de entender. Aprenderás los principios fundamentales. Incluye 55 prácticas estoicas y consejos útiles que podrás aplicar ante los desafíos de tu vida. Y, lo más importante, te muestra cómo pasar de la lectura a la acción en el mundo real.

Genial. Pero ¿cómo es posible que un veinteañero sea capaz de describir el mapa del tesoro estoico para la buena vida? Es normal, yo también me lo preguntaría. Después de muchos años de escuela y universidad, estaba harto de leer libros y trabajos académicos y de aprender cosas que realmente no me enseñaban nada útil para la vida real. Así que, al día siguiente de entregar mi trabajo final de carrera, me fui de mi país y comencé un viaje de siete meses alrededor del mundo. Quería alejarme, ver lugares y otras culturas, pero sobre todo quería conocerme a mí mismo para saber qué quería hacer con mi vida cuando volviera. Esta última parte no funcionó; sin embargo, me di cuenta de otra cosa: «¡Que debía haberme perdido la clase sobre cómo vivir!».

En quince años y medio de escolarización, aprendí matemáticas, física, química, biología y un montón de cosas más, excepto cómo afrontar situaciones difíciles... ¿Cómo afrontar mis miedos y mis problemas? ¿Qué hacer con mis sentimientos depresivos? ¿Cómo enfrentarme a la muerte de mi amigo? ¿Qué hacer con mi ira? ¿Cómo tener más confianza en mí mismo? No, seguramente me perdí todas esas clases. Por cierto, esto es exactamente lo que hacían las escuelas de filosofía en el mundo antiguo: te enseñaban a vivir. Y aunque esas escuelas ya no existen, tú, yo y la mayoría de la gente necesita una filosofía que le enseñe a vivir, igual que entonces.

En resumen, decidí invertir en mí mismo y aprender a vivir bien. De toda la sabiduría que devoré en los años siguientes, la filosofía estoica fue la que más me ayudó, aunque no empecé con buen pie. Antes de saber algo de filosofía, pensaba que debía ser la cosa más aburrida del mundo. Al fin y al cabo, se llama «estoicismo» y no «supermanismo» ni cualquier otra cosa que parezca que vale la pena estudiar.

De todos modos, le di una oportunidad, me enganché y, desde entonces, he sido un voraz estudiante y practicante de la filosofía estoica. Y aunque he leído y releído innumerables libros, siempre me ha faltado una fuente que ofrezca una visión general sencilla y explique qué es exactamente el estoicismo. Así que escribí un artículo muy largo exactamente con esa intención: dar una visión general de la filosofía y explicar de qué se trata. Afortunadamente, a mucha gente le encantó mi artículo y lo encontró inmensamente útil; tanto que alguien robó el contenido exacto y publicó un libro con su nombre. Esto no solo puso a prueba mi mentalidad estoica, sino que todas las valoraciones de cinco estrellas que recibió me hicieron ver que la gente quiere conocer esta filosofía.

Así que aquí estoy, escribiendo apasionadamente algo que a mí me habría ahorrado incontables semanas de investigación y me habría proporcionado todos los conocimientos que busqué y necesité desesperadamente de esta filosofía ejemplar. Estoy seguro de que este libro contribuirá a la literatura estoica moderna y, lo que es más importante, que te servirá en tu búsqueda de la buena vida.

Porque eso es a lo que realmente ayuda el estoicismo: a vivir una gran vida.

Sea cual sea la situación por la que estés pasando, hay consejos de los estoicos que pueden ayudarte. A pesar de la antigüedad de esta filosofía, su sabiduría resulta sorprendentemente moderna y fresca. Puede ayudarte a desarrollar resistencia y fuerza ante los desafíos de la vida. Puede ayudarte a ser emocionalmente resiliente para que no te dejes engañar por los acontecimientos externos ni permitir que los demás te saquen de tus casillas. Puede enseñarte a controlarte y a mantener la calma en medio de la tormenta. Puede ayudarte a tomar decisiones y, por tanto, a simplificar mucho tu vida cotidiana.

«Quien estudia con un filósofo», dice Séneca, «debería llevarse cada día algo bueno: debería volver a casa cada día siendo un hombre más sano, o en vías de serlo». Practicar el estoicismo te ayuda a mejorar como persona; te enseña a vivir conscientemente según un conjunto de valores positivos como el valor, la paciencia, la autodisciplina, la serenidad, la perseverancia, el perdón, la bondad y la humildad. Sus numerosos pilares ofrecen seguridad y orientación y aumentarán tu confianza.

Y tú también puedes conseguirlo. De hecho, la filosofía estoica hizo de la buena vida un objetivo alcanzable para todo el mundo, sin importar las clases sociales: si eres rico o pobre, si estás sano o enfermo, si has recibido una buena educación o no, no hay ninguna diferencia en tu capacidad para vivir la buena vida. Los estoicos fueron la prueba viviente de que es posible exiliarte a una isla desierta y ser más feliz que alguien que vive en un palacio. Comprendieron muy bien que la conexión entre las circunstancias externas y nuestra felicidad es muy débil.

En el estoicismo, lo que hacemos con las circunstancias de nuestra vida es mucho más importante. Los estoicos reconocen que la buena vida depende del cultivo del propio carácter, de las propias elecciones y acciones, más que de lo que ocurra en el incontrolable mundo que nos rodea. Esta, compañero estoico, es la raíz de una de las cosas más difíciles y a la vez atractivas del estoicismo: hace que seamos responsables de nuestra vida sin que haya excusa para no vivir la mejor vida posible.

Tú y yo somos responsables de nuestra propia prosperidad. Somos responsables de no dejar que nuestra felicidad dependa de las circunstancias externas: no debemos dejar que la lluvia, los vecinos ruidosos o una lavadora que gotea decidan sobre nuestro bienestar. Sin embargo, a menudo somos víctimas indefensas de las circunstancias de la vida que no podemos controlar. Como estudiante estoico, aprenderás que solo tú puedes arruinar tu vida y solo tú puedes evitar que tu ser interior sea conquistado por cualquier problema desagradable que te encuentres en la vida.

Así pues, el estoicismo nos enseña a vivir según una serie de valores que contribuyen a la resiliencia emocional, a la confianza en uno mismo y a tener una dirección clara en la vida. Al igual que un viejo y sólido bastón, es una guía para la vida basada en la razón y no en la fe, una guía que nos ayuda a encontrar el autodominio, la perseverancia y la sabiduría. El estoicismo nos hace mejores seres humanos y nos enseña a sobresalir en la vida.

Sus poderosas técnicas psicológicas son casi idénticas a las que en la actualidad han demostrado tener una gran eficacia dentro de la llamada Psicología Positiva. No estoy acusando a los investigadores de robo, pero los ejercicios que propone la Psicología Positiva se parecen sospechosamente a los que utilizaban los estoicos hace más de dos mil años. El hecho de que la investigación moderna vaya a menudo de la mano de lo que enseñaban los estoicos hace que la filosofía sea aún más atractiva. Además, el estoicismo no es rígido, sino abierto, y busca la verdad. Como dice un refrán latino: «Zenón [fundador del estoicismo] es nuestro amigo, pero la verdad es un amigo aún mayor».

En nuestro mundo hay muchas personas que alcanzaron el sueño de tener un gran mansión, un Porsche 911 y un sueldo de seis cifras, pero no por ello son más felices que antes, cuando vivían en un piso con manchas de humedad, tenían un coche viejo y oxidado y un sueldo modesto. Su fórmula vital es algo parecido a esto: Si trabajas duro, tendrás éxito y, una vez que tengas éxito, entonces serás feliz. O bien, si termino/obtengo/logro tal o cual cosa, entonces seré feliz. ¿El problema? Que esta fórmula está incompleta. Y, después de seguir esta fórmula durante años, estas personas se preguntan: ¿De verdad es esto todo lo que la vida me puede ofrecer?

No, no es así. La cuestión es que muchas personas no son más felices cuando envejecen, no mejoran en absoluto. Deambulan por la vida sin una dirección clara, cometen repetidamente los mismos errores y no están más cerca de una vida feliz y significativa a los ochenta años que a los veinte.

Para muchos de nosotros debería ser una obviedad adoptar una filosofía de vida que ofrezca orientación, dirección y un sentido más amplio a la vida. Sin esa brújula, corremos el riesgo de que, a pesar de todas nuestras acciones bien intencionadas, caminemos en círculo, persigamos cosas inútiles y acabemos viviendo una vida insatisfactoria llena de sufrimiento emocional, arrepentimiento y frustración. Y, dado que no se necesita mucho esfuerzo para probar el estoicismo como filosofía de vida, no hay nada que perder y mucho que ganar.

La promesa de este libro es en realidad la promesa de la filosofía estoica: aprender cómo vivir una vida supremamente feliz y fluida y cómo mantenerla incluso ante la adversidad. Te ayuda a prepararte para cualquier cosa, como la torre de una fortaleza: inquebrantable, estable, resiliente y sorprendentemente calmada y consciente incluso en medio de un infierno.

El estoicismo puede mejorar tu vida en los buenos momentos, pero es en los malos cuando su eficacia se hace más evidente. Puede ser la luz que te muestre el camino a través de la oscuridad de la depresión. Te lleva de la mano cuando necesitas confianza para minimizar el sufrimiento emocional dominando a los malos, como la ira, el miedo y la pena. Puede ser tu taburete para alcanzar esa tranquilidad que necesitas cuando estás metido hasta las rodillas en los problemas. Puede ser tu fuerte columna vertebral cuando necesitas actuar con valentía aunque estés temblando como una hoja. Puede ser el payaso que te despierta y te sonríe cuando más lo necesitas.

En resumen, el estoicismo no solo te muestra el camino, sino que te entrega la llave de la buena vida. Todo lo que tienes que hacer es recorrer el camino, girar la llave y entrar. Por eso, el maestro estoico Epicteto pregunta: «¿Cuánto tiempo vas a esperar?».

«¿Cuánto tiempo vas a esperar para exigir lo mejor de ti mismo?» Ya no eres un niño sino una persona adulta y, sin embargo, lo dejas para más adelante, se recuerda Epicteto. «No te darás cuenta de que no progresas, sino que vivirás y morirás como alguien bastante mediocre». A partir de ahora, se advierte a sí mismo, y a todos nosotros, hay que vivir como un ser humano maduro y no dejar nunca de lado lo que crees que es mejor hacer. Y siempre que te encuentres con algo difícil, recuerda que la competición es ahora, estás en las Olimpiadas, no puedes esperar más.

No podemos permitirnos el lujo de posponer nuestro entrenamiento, porque a diferencia de los Juegos Olímpicos, la competición en la que participamos cada día —la vida— ya ha comenzado. La vida es ahora mismo, ya es hora de empezar nuestro entrenamiento.

El entrenamiento del estoicismo es un poco como el surf: poca teoría y mucha práctica. Ahora mismo estás deseando empezar y te imaginas de pie sobre la tabla de surf golpeando una ola tras otra, pasándotelo como nunca… Pero espera, tengo que detenerte justo ahí. Porque en tu primera clase de surf, tendrás que aprender también algunos aspectos teóricos. En tierra firme, tienes que practicar cómo remar, levantarte y ponerte de pie sobre la tabla. En otras palabras, la primera parte resulta pesada: tú solo querías surfear, no te habías apuntado para hacer una clase teórica en seco.

Sorprendentemente, superas rápidamente la parte teórica y consigues entrar en el agua, limpiar la tabla de arena y empezar a practicar. Ya en el agua, te das cuenta enseguida de que no es tan fácil, y que la parte teórica era realmente necesaria. Lo mismo ocurre con el estoicismo. Llegarás a surfear las olas, pero si quieres hacerlo con éxito y no rendirte después de las primeras (muchas) caídas, primero tienes que entender un poco la teoría que hay detrás del surf… ejem, el estoicismo.

He tratado de organizar este libro y presentar esta antigua sabiduría de una manera accesible, digerible y muy práctica. En la primera parte, conocerás la promesa de la filosofía, su historia, los principales filósofos y los principios fundamentales del llamado Triángulo Estoico de la Felicidad. Estudia este triángulo y serás capaz de explicar filosofía a un niño de cinco años. La segunda parte se centra en la lucha contra las olas; está repleta de consejos prácticos y ejercicios para la vida cotidiana.

Mi objetivo final de este libro directo y sencillo sobre el estoicismo es ayudarte a vivir una vida mejor. Creo que todos podemos volvernos un poco más sabios y felices practicando esta maravillosa filosofía.

Ha llegado la hora de darse un chapuzón.

PRIMERA PARTE

¿Qué es el estoicismo?

«Si no está bien, no lo hagas; si no es verdad,
no lo digas.»

Marco Aurelio

1

La promesa de la filosofía estoica

Ningún árbol llega a tener raíces profundas y robustas si no soplan fuertes vientos contra él. Esos tirones y sacudidas hacen que el árbol se agarre y plante sus raíces con más seguridad; los árboles frágiles crecen en valles soleados. «¿Por qué entonces —se pregunta Séneca— te sorprende que los hombres buenos reciban sacudidas para crecer más fuertes?» Al igual que para los árboles, las lluvias torrenciales y los fuertes vientos son beneficiosos para las buenas personas, pues así pueden crecer con calma, disciplina, humildad y fortaleza.

Al igual que el árbol debe reforzar su agarre a la tierra para no caerse con el aire, nosotros debemos fortalecer nuestra postura si no queremos ser arrollados por cada nimiedad. Para eso está la filosofía estoica: te hará más fuerte y permitirá que la lluvia y el viento te parezcan más ligeros y podrás mantenerte en pie en todo momento. En otras palabras, te preparará para afrontar con mayor eficacia cualquier tiempo tormentoso que la vida te depare.

Desde los filósofos luchadores hasta los lobos emocionales, este primer capítulo cubre todo lo que necesitas saber sobre la promesa de la filosofía estoica, o por qué deberías practicar el estoicismo.

Advertencia: Este libro contiene algunas palabras espantosas como «eudaimonía», «areté» o «virtud». Su aspecto desconocido te hará querer pasar la página, así que prepárate y sé fuerte. A pesar de tu resistencia, valdrá la pena aguantar y puede que incluso llegues a incorporarlas en tu vocabulario cotidiano. Y, oye, esto no sería filosofía antigua si no hubiera al menos alguna palabra terrorífica.

Practica el arte de vivir: conviértete en un guerrero-filósofo

«Primero, descubre lo que quieres ser;
luego, haz lo que tienes que hacer.»

EPICTETO

¿Cómo vivir una buena vida? Esta clásica pregunta filosófica está en el origen de la principal preocupación de la filosofía estoica: cómo vivir la propia vida o «el arte de vivir». El maestro estoico Epicteto comparó la filosofía con la artesanía: como la madera para el carpintero y el bronce para el escultor, nuestras propias vidas son la materia prima del arte de vivir. La filosofía no está reservada a los viejos sabios, sino que es un oficio esencial para todo aquel que quiera aprender a vivir (y morir) bien. Cada situación representa un bloque de mármol que podemos esculpir y modelar, de modo que a lo largo de la vida lleguemos a dominar nuestro oficio. Esto es básicamente lo que hace el estoicismo, nos enseña a alcanzar la excelencia en la vida, nos prepara para enfrentarnos a la adversidad con calma y, en resumen, nos ayuda a esculpir una buena vida y a disfrutar de ella.

¿Qué hace que alguien sea bueno en el arte de vivir? Según Epicteto, no es por ser rico, tener un alto cargo o saber mandar. Tiene que haber algo más. Al igual que alguien que quiere ser bueno en caligrafía tiene que estudiar y practicar mucho, o alguien que quiere ser bueno en música debe aprender solfeo, alguien que quiere ser bueno en vivir debe tener un buen conocimiento de cómo vivir. Tiene sentido, ¿verdad? Séneca, otro importante filósofo estoico que conoceremos en el capítulo 2, decía que «[el filósofo] es el que sabe lo fundamental: cómo vivir».

La palabra «filósofo» en griego significa literalmente «amante de la sabiduría», alguien que ama aprender a vivir, alguien que quiere alcanzar auténtica sabiduría sobre cómo vivir su vida. Como ya nos dijo Epicteto, si queremos llegar a ser buenos en la vida, debemos alcanzar el conocimiento sobre cómo vivir. Esto puede sorprenderte, pero la filosofía es realmente una cuestión de práctica, de aprender a esculpir nuestra vida. Pensar y filosofar sobre el bloque de mármol no nos enseñará a utilizar hábilmente el cincel y el mazo. Los estoicos se preocupaban especialmente por aplicar la filosofía a la vida cotidiana. Se veían a sí mismos como verdaderos guerreros de la mente y pensaban que la mejor manera de estudiar filosofía era ponerla en práctica.

Esta es una gran comparación realizada por el autor Donald Robertson en su libro *The Philosophy of Cogni-*

tive Behavioural Therapy.[1] Dice que, en la Antigüedad, el filósofo ideal era un auténtico guerrero de la mente, pero en los tiempos modernos, «el filósofo se ha convertido en algo libresco, no un guerrero, sino un mero bibliotecario de la mente». Recuerda al viejo y gris profesor de filosofía. Queremos ser guerreros y lo que más importa no es nuestra capacidad de recitar los principios estoicos, sino vivirlos auténticamente en el mundo real. Como Epicteto decía a sus alumnos: «Si no habéis aprendido estas cosas para llevarlas a la práctica, ¿para qué las habéis aprendido?» Seguía diciendo que ellos (sus alumnos) no tenían suficiente deseo y coraje para salir al mundo real y demostrar la teoría en la práctica, «por eso me gustaría escaparme a Roma para ver a mi luchador favorito en acción. Él, al menos, pone en práctica la estrategia».

La verdadera filosofía es una cuestión de poca teoría y mucha práctica, como la lucha en la antigüedad y el surf en el mundo moderno. Recordemos que el surf se puede practicar en el agua después de unas lecciones teóricas rápidas en la playa. Las olas grandes son mejores maestras que los pesados libros de texto. Y el estoicismo exige exactamente eso, salir al mundo real y aplicar con decisión lo que hemos aprendido en el aula. Nuestras vidas constituyen un campo de entrenamiento perfecto para la práctica diaria, con sus incontables olas verdes[2] y sus bloques de mármol en blanco.

---

1. Routledge, Londres 2010.

2. En el deporte del surf, las olas verdes son aquellas olas ya formadas, que requieren un nivel de experiencia intermedio para poder surfearlas.

Esta dimensión práctica del «arte de vivir» del estoicismo tiene dos promesas principales: en primer lugar, nos enseña a vivir una vida feliz y fluida y, en segundo lugar, a mantener la resistencia emocional suficiente para conservar la felicidad y la fluidez incluso ante la adversidad. Vamos a sumergirnos en la primera promesa y a abordar la primera de esas palabras aterradoras: eudaimonía.

Promesa n.º 1: Eudaimonía

«Excava en tu interior. Dentro se halla la fuente del bien,
y es una fuente capaz de brotar continuamente,
si no dejas de excavar.»

MARCO AURELIO

Imagina la mejor versión de ti mismo. Mira en tu interior. ¿Puedes visualizar esa versión excelente de ti, la que actúa correctamente en todas las situaciones, la que no comete errores y parece imbatible? Si eres como yo y cada día intentas mejorar, probablemente ya conoces esa versión ideal de ti mismo. Pues bien, en griego, esta mejor versión sería el *daimon*, un espíritu interno o chispa divina. Para los estoicos y todas las demás escuelas de la filosofía antigua, el objetivo último de la vida era la *eudaimonia*, llegar a ser bueno (*eu*) con tu *daimon* interior. (No confundir con el *demon*, que es un espíritu malo).

εu. daimon. ia

bien + espíritu interior / chispa divina

**Sé bueno con tu espíritu interior,
vive en armonía con tu mejor
versión.**

Los estoicos creían que la naturaleza quiere que nos convirtamos en esa versión más elevada de nosotros mismos. Por eso, el daimon interior (o chispa divina) ha sido plantado dentro de todos nosotros como una semilla, para que tengamos en nuestro potencial natural el convertirnos en esa versión más elevada de nosotros mismos. En otras palabras, es nuestra naturaleza completar lo que ha nacido con esa semilla divina y desarrollar nuestro potencial humano. Llegar a estar bien con nuestro daimon interior, vivir en armonía con nuestro yo ideal es, por tanto, acercarse lo más posible a ese yo de gran potencial.

Debemos reducir la distancia entre lo que somos capaces de ser (nuestro yo ideal) y lo que somos realmente en ese momento. ¿Cómo podemos hacerlo? Los estoicos también tenían una palabra para eso: *areté*. En pocas palabras, areté se traduce directamente como «virtud» o «excelencia», pero tiene un significado más profundo, algo así como «expresar la versión más elevada de uno mismo en cada momento». Profundizaremos en ello en el capítulo 3, pero ya puedes ver que el estoicismo se ocupa de tus acciones de cada momento y de vivir lo más cerca posible de tu yo ideal.

El objetivo general de los estoicos era la eudaimonía: estar bien con tu daimon interior, vivir en armonía con tu yo ideal, expresar tu versión más elevada de ti mismo en cada momento. ¿Pero qué significa eso exactamente? La traducción más común de la palabra griega *eudaimonia* es felicidad. Sin embargo, las traducciones «florecer» o «prosperar» captan mejor el significado original, porque indican una acción continua: solo puedes estar bien con tu daimon cuando tus acciones de cada momento están en armonía con tu yo ideal. Prosperas al vivir bien, y solo como consecuencia de ello te sentirás feliz.

La eudaimonía se refiere más a la calidad general de la vida de una persona que a un estado de ánimo temporal como la felicidad. Es una condición en la que la persona prospera, vive óptimamente y es supremamente feliz. Como dice Zenón, el fundador del estoicismo, «la felicidad es una vida que fluye suavemente». Esto implica que tu vida, en general, fluye sin problemas. Podríamos decir que la eudaimonía es una vida feliz y fluida. La vida fluida que proviene de prosperar realizando cada una de nuestras acciones en armonía con nuestro ser más elevado.

Esta promesa de eudaimonía implica que estamos armados con todo lo que necesitamos para enfrentarnos a cualquier reto de la vida. Si no, ¿cómo podemos seguir siendo felices cuando la vida se pone difícil? Porque la vida es bastante fácil cuando las cosas van bien, solo se vuelve ardua cuando las cosas parecen volverse contra nosotros, cuando nos enfrentamos a dificultades y desafíos. Esto nos lleva a la segunda promesa del estoicismo: la filosofía nos entrena para ser capaces de afrontar todos los obstáculos con la mentalidad adecuada para que la vida siga transcurriendo sin problemas.

Promesa n.º 2: Resiliencia emocional

«Soportar las pruebas con una mente tranquila le quita a la desgracia su fuerza y su carga.»

SÉNECA

«¿Pero qué es la filosofía?», se pregunta Epicteto. «¿No significa prepararse para afrontar las cosas que nos sobrevienen?» Sí, dice, la filosofía nos prepara para soportar lo que ocurra. «De lo contrario, sería como el boxeador que abandona el ring porque ha recibido algunos golpes.» En realidad, podríamos abandonar el cuadrilátero sin ninguna consecuencia, pero ¿qué pasaría si abandonáramos la búsqueda de la sabiduría? «Entonces, ¿qué deberíamos decir ante cada prueba a la que nos enfrentamos? Para esto me he entrenado, ¡esta es mi disciplina!» Oye, un boxeador que recibe un puñetazo en la cara no abandona el ring, es para lo que se preparó, es su disciplina. Y lo mismo ocurre con los filósofos; el hecho de que la vida nos dé bofetadas, patadas, escupitajos y golpes no significa que debamos rendirnos y abandonar, sino volver a levantarnos y seguir mejorando. Así es la vida, es como nuestro ring de boxeo, los golpes y las patadas son lo que hemos venido a hacer, esta es nuestra disciplina. «Una prosperidad intacta no puede soportar ni un solo golpe», dice Séneca, pero un hombre que ha pasado por innumerables desgracias «adquiere una piel encallecida por el sufrimiento». Este hombre lucha hasta el final y sigue peleando incluso de rodillas. Nunca se rendirá. A los estoicos les encantaban las metáforas de lucha, por eso Marco Aurelio también dice: «El arte de vivir se parece más a la lucha que a la danza». Tenemos que estar preparados para los ataques inesperados. Nadie abordará nunca a un bailarín. El bailarín nunca se verá abrumado por la adversidad como un luchador. Así que, como guerreros-filósofos, sabemos que la vida será un reto. En realidad, deberíamos incluso frotarnos las manos y estar deseando recibir algunos golpes, sabiendo que nos harán más fuertes y curtirán nuestra piel.

Por eso debemos estar dispuestos a comprometernos y entrenarnos en esta lucha que llaman vida. Porque queremos ser fuertes y vivir una vida feliz y fluida. Queremos tener el control de nosotros mismos y de nuestras acciones cuando la vida se pone difícil. Queremos ser una fortaleza inexpugnable incluso en el momento álgido de un ataque de ira. Cuando a los demás les entra el pánico, queremos mantenernos tranquilos, con los pies en la tierra, y ser capaces de ser tan buenos como sea posible.

Practicar el estoicismo nos ayuda a desarrollar las herramientas necesarias para enfrentarnos de la manera más eficaz posible a cualquier golpe que nos dé la vida. No importa lo que ocurra en nuestras vidas, estamos preparados para cualquier cosa: estamos preparados para recibir ganchos y golpes laterales, no rendirnos nunca y sacar lo mejor de nosotros mismos. Esta es la promesa de la filosofía estoica. Sin embargo, ahora mismo, si te dan un puñetazo en la cara, ¿qué pasaría? Te dejarías llevar por tus emociones. Como haría cualquiera, te defenderías con rabia o, más probablemente, te pondrías a llorar. Los estoicos consideraban las emociones fuertes como nuestra máxima debilidad, especialmente cuando dejamos que dicten nuestro comportamiento. Son tóxicas para la eudaimonía y están en la raíz de todo el sufrimiento humano. Desgraciadamente, según los estoicos, la mayoría de nosotros estamos esclavizados por las pasiones, es decir, las emociones negativas fuertes, como el miedo irracional, la pena o la ira. Por eso muchos de nosotros somos desgraciados y estamos lejos de parecernos a una fortaleza, lejos de estar en armonía con nuestro yo ideal. Nuestras pasiones nos hacen actuar mucho peor de lo que somos capaces.

Si queremos ser capaces de actuar como nuestro yo ideal, dicen los estoicos, tenemos que mantener nuestras emociones bajo control, tenemos que domarlas para que no se interpongan en la buena vida. «No, gracias, no puedo permitirme el lujo de entrar en pánico ahora mismo.»

Domesticar las emociones restrictivas (≠ Sin emociones)

La promesa de la filosofía estoica incluye tanto la vida supremamente feliz (eudaimonía) como la preparación (estar preparado para todo) para afrontar eficazmente lo que la vida nos depare. Sin embargo, solo podemos enfrentarnos a los desafíos de la vida cuando somos emocionalmente resilientes y no dejamos que nuestras emociones tiren de nosotros.

Por eso es necesario avanzar hacia la dominación y la superación de los deseos y las emociones perturbadoras, para que, como dice Séneca, el brillo del oro no deslumbre nuestros ojos más que el destello de una espada, y para que podamos apartar fácilmente lo que los demás anhelan y temen. Esta superación de las propias emociones en ocasiones se denomina «terapia de las pasiones» estoica y podría ser la razón por la que Epicteto dijo: «La escuela es para el filósofo lo que la clínica es para el médico».

Ahora bien, si imaginamos que la clínica de un médico tiene un diván, entonces, con un poco de cliché, obtenemos la habitación de un psicoterapeuta. En la época de Epicteto, cuando tenías problemas con tu mente o tu alma, no veías a un psiquiatra sino a un filósofo, que eran los médicos de la mente. Los estoicos eran grandes observadores de la mente humana y, de hecho, tenían importantes conocimientos psicológicos. Se dieron cuenta, por ejemplo, de que lo que hace que los insultos sean hirientes no es su contenido, sino cómo los interpretamos. Tenían una correcta comprensión de nuestra mente y desarrollaron técnicas psicológicas para prevenir y tratar las emociones negativas (la mayoría de estas técnicas se tratarán en la segunda parte de este libro).

Aunque el estoicismo es una filosofía, tiene un importante componente psicológico. Muchas de sus creencias, como el objetivo de prosperar como seres humanos, van de la mano con la investigación moderna en Psicología Positiva; esto es algo que encuentro muy intrigante sobre el estoicismo. Está más allá del alcance de este libro examinar la ciencia que hay detrás de las ideas estoicas, pero si lees un libro de Psicología Positiva, verás la consonancia (*La felicidad como ventaja* de Shawn Achor es un comienzo fantástico [3]).

Al igual que hay dolencias en el cuerpo, las hay en la mente; y los estoicos eran muy conscientes de ello. Decían que es imposible prosperar en la vida mientras uno se sienta atormentado por emociones irracionales. Por lo tanto, necesitamos *apatheia,* la capacidad de superar estas interferencias emocionales. De ahí viene la palabra «apatía», y es una de las principales razones del clásico malentendido de que los estoicos eran en cierto modo poco emocionales o buscaban suprimir sus sentimientos. La otra razón de ese malentendido proviene de la palabra estoico, en minúscula, que significa «aguantar» o «reprimir las emociones», y no tiene absolutamente nada que ver con el Estoicismo en mayúscula, del que trata este libro. Despejemos este malentendido de «los estoicos no tienen emociones» ahora mismo.

---

3. Integral, Barcelona 2011.

El estoicismo no tiene nada que ver con suprimir u ocultar las emociones o no tenerlas. Más bien se trata de reconocer nuestras emociones, reflexionar sobre lo que las causa y aprender a redirigirlas para nuestro propio bien. En otras palabras, se trata más bien de desesclavizarnos de las emociones negativas, dominarlas en lugar de deshacernos de ellas.

Imagina que las emociones fuertes son como tu lobo interior: inmensamente poderoso cuando se le deja libre y capaz de arrastrarte a donde quiera. Las emociones activan una tendencia a la acción: cuando estás enfadado, por ejemplo, tienes tendencia a apretar los puños, gritar y lanzar cosas. Básicamente, cuando el lobo interior está enfadado, nos dejamos llevar por él, y entonces seguimos ciegamente el impulso de actuar y actuamos. Sin embargo, los estoicos descubrieron que no necesitamos seguir ese impulso. Podemos entrenarnos para actuar con calma a pesar de estar enfadados, actuar con valor a pesar de sentir ansiedad, e ir hacia el este aunque el lobo tire hacia el oeste.

Afortunadamente, no necesitamos fingir que el lobo no está ahí, ni siquiera matarlo (lo cual, en cualquier caso, no es posible). Los estoicos quieren que dominemos y conozcamos a ese lobo. Que, en lugar de dejar que dicte nuestras acciones cuando está enfadado, ansioso o hambriento, actuemos con calma a pesar de la ira. Puede gruñir y aullar todo lo que quiera, no le temeremos y actuaremos de acuerdo con nuestra decisión. El lobo ya no tendrá voz en nuestras decisiones a pesar de sentir el impulso de actuar.

El objetivo no es eliminar todas las emociones, el objetivo es no dejarse abrumar por ellas a pesar de su inmenso poder. Sentimos al lobo emocional, pero seguimos nuestro camino a pesar de que tira en otra dirección. «Vale, el lobo quiere perder el control, pero ¿de qué serviría?», nos decimos. Nos elevamos por encima de nuestras emociones, podemos oírlo gruñir, pero sabemos que no tenemos que escucharlo ni seguirlo.

Los estoicos no eran personas sin emociones y con el corazón de piedra. Reconocían que los deseos y las emociones forman parte de la naturaleza, pero que está en nuestras manos elevarnos por encima de ellas y no dejar que nos perturben (demasiado). «Ninguna escuela tiene más bondad y gentileza; ninguna tiene más amor por los seres humanos», dice Séneca. «Nos asigna la tarea de ser útiles, ayudar a los demás y cuidar, no solo de nosotros mismos, sino de todos». Los estoicos sí se preocupan por sus seres queridos y por sus conciudadanos; dominan sus emociones para no dejarse abrumar irracionalmente por ellas. Como dice Séneca, no tiene ningún mérito «soportar lo que uno no siente». El autor estoico Donald Robertson lo explica muy bien: «Una persona valiente no es alguien que no siente ningún miedo, sino que actúa con valor a pesar de sus temores».

Los estoicos quieren que conquistemos nuestras pasiones haciéndonos más fuertes que ellas y no eliminándolas. Siempre sentiremos cómo despierta el lobo emocional, pero podemos entrenarnos para reconocer el impulso a seguirle la corriente, y luego elegir conscientemente si hacerlo o no. El estoicismo nos ayudará a reducir la invasión de emociones negativas y, al mismo tiempo, a experimentar más emociones positivas, como la alegría o la tranquilidad. Es importante tener en cuenta, sin embargo, que, para los estoicos, estas emociones positivas son más un plus que un objetivo en sí mismo. Veamos más de cerca la tranquilidad como consecuencia de la práctica del estoicismo.

Practicar el estoicismo y conseguir más tranquilidad como consecuencia

Puede resultar sorprendente, pero el estoicismo es una filosofía de vida bastante alegre. Cuando lees a los estoicos, te encuentras con personas felices y optimistas que disfrutan plenamente de lo que la vida les ofrece. No eran impasibles, simplemente reconocían que las emociones fuertes eran su debilidad y se interponían en su camino para vivir todo lo bien que podían.

Recuerda que el objetivo final de la vida es la eudaimonía, la vida feliz y fluida que proviene de prosperar expresando tu yo ideal momento a momento. Si estás esclavizado por tu lobo emocional, entras en pánico y sigues tus impulsos, que están muy por debajo de lo que eres capaz. Por eso los estoicos quieren que minimicemos los efectos que las emociones fuertes tienen en nuestras vidas, quieren que domemos a ese lobo para que podamos permanecer al volante en todo momento en lugar de dejar que el lobo tome el control cuando quiera. Solo entonces podremos expresar nuestra versión más elevada y, por fin, vivir una vida feliz y fluida.

Cuando no somos esclavos de nuestras emociones, podemos expresar la versión más elevada de nosotros mismos en todo momento. Cuando lo hacemos, simplemente no hay lugar para el arrepentimiento, el miedo o la inseguridad. Lo que resulta de esto es un efecto secundario realmente útil: tranquilidad. En el agitado mundo actual, es lo que muchos de nosotros buscamos, ser capaces de mantener la calma, sentirnos confiados y seguros, incluso en medio del caos. Si practicamos el estoicismo, esto es exactamente lo que obtenemos como consecuencia. Es una consecuencia porque no es lo que los estoicos buscaban en primer lugar. No buscaban la tranquilidad, buscaban la eudaimonía, y la tranquilidad vino como un premio añadido (y bienvenido). Así que no sería realmente coherente con el estoicismo practicarlo con el fin de alcanzar la tranquilidad.

¿Qué es la tranquilidad? Séneca habla del poder de la eutimia en sus cartas clásicas. Nos dice que la eutimia, que se traduce como tranquilidad, consiste en conocer el camino y recorrerlo. Es la sensación que tenemos cuando confiamos verdadera y totalmente en nosotros mismos. Estás seguro de que lo que haces es correcto y no necesitas escuchar la palabrería de los demás. No necesitas dudar ni compararte con los demás todo el tiempo. Confías en lo que haces porque te esfuerzas al máximo y vives de acuerdo con tus valores y sabes que es lo único que puedes hacer.

Es la confianza tranquila que sientes cuando vives tu ser auténtico en consonancia con tus valores más elevados. Consigues esa paz mental, dice Séneca, porque tienes una norma inmutable para la vida, no como los demás, que «se separan, vuelven, fluctúan constantemente entre deseos opuestos, porque se guían por la opinión vulgar, que es inconstante».

El estoicismo te dará muchas anclas a las que aferrarte, para que puedas encontrar tu camino y recorrerlo con seguridad. Esto hará que adquieras una tranquilidad interior, una confianza serena en todo momento, incluso cuando la vida se ponga difícil y muestre su peor cara. Porque sabes por qué haces lo que haces. Tienes la seguridad interior de que estás haciendo lo correcto y, pase lo que pase, eres firme como una fortaleza, y nada puede derribarte.

2

Una lección rápida de historia

«Hice un viaje próspero cuando sufrí un naufragio.»

Zenón de Citio

Es alrededor del año 320 a. C. Un mercader fenicio sufre un naufragio en algún lugar entre Chipre y la Grecia continental en el mar Mediterráneo. Acaba de perder toda su púrpura de Tiro, un tinte de color púrpura muy valioso que se obtiene del caracol marino *Murex brandaris*, y en consecuencia ha perdido toda su riqueza. Se trata de Zenón de Citio que, gracias a este naufragio, se convertiría en el fundador del estoicismo muchos años después.

El padre de Zenón era comerciante y solía volver a casa de sus viajes con libros comprados en la ciudad griega de Atenas. Esta podría ser la razón por la que, tras el accidente en el mar, Zenón fue a Atenas, se sentó en una librería y leyó sobre el filósofo ateniense Sócrates, que había ejercido como profesor alrededor de un siglo antes. Zenón quedó tan impresionado que preguntó al librero dónde se podían encontrar hombres como aquel Sócrates.

El librero señaló en dirección a Crates de Tebas, que pasaba por allí, y le dijo: «Sigue a aquel hombre».

En efecto, Zenón siguió a Crates, que era un filósofo de primera línea en aquella época, y se convirtió en su alumno durante los años siguientes. Zenón se alegró del giro que dio su vida y dijo: «Gracias, Fortuna, por conducirme así a la filosofía». Al recordar el momento del naufragio en su vida, Zenón comentó más tarde: «Hice un viaje próspero cuando sufrí el naufragio».

Nota: Esta intrigante historia del naufragio fue escrita por el biógrafo griego Diógenes Laercio en su *Vidas y opiniones de los filósofos ilustres* unos 150 años después de la muerte de Zenón. Hay diferentes versiones de la historia y las fechas son inconsistentes y contradictorias. Así que no podemos estar seguros de si se trata de una historia real o solo de la historia fundacional más atractiva del estoicismo.

Después de estudiar con Crates durante un tiempo, Zenón optó por ir a estudiar con otros filósofos destacados, antes de iniciar su propia filosofía varios años después, en torno al año 301 a. C. Al principio, sus seguidores se llamaban zenonianos, pero pasaron a ser conocidos como estoicos porque Zenón daba sus conferencias en la *Stoa Poikilê*, el «Pórtico pintado», una famosa columnata decorada con pinturas de batallas históricas, situada en el centro de la ciudad de Atenas. Había nacido el estoicismo. A diferencia de otras escuelas filosóficas, los estoicos siguieron el ejemplo de su héroe Sócrates y se reunían en público, en aquel pórtico, donde cualquiera podía escuchar. Así que la filosofía estoica era tanto para los académicos como para la gente corriente y, por tanto, era algo así como una «filosofía de la calle».

Como hemos visto, el estoicismo no nació de la nada, su fundador Zenón y los primeros estoicos habían sido influenciados por diferentes escuelas filosóficas y pensadores, especialmente por Sócrates, los cínicos (como Crates) y los académicos (seguidores de Platón). Los estoicos adoptaron la pregunta de Sócrates: ¿Cómo vivir una buena vida? Se centraron en aplicar la filosofía a los retos cotidianos, en desarrollar un buen carácter, convertirse en mejores seres humanos que sobresalieran en la vida y preocuparse por los demás y por la propia naturaleza. Una cosa que los estoicos cambiaron de los cínicos fue que abandonaron el ascetismo cínico. A diferencia de los cínicos, los estoicos favorecían un estilo de vida que permitía pequeñas comodidades. Sostenían que la gente debía disfrutar de las cosas buenas de la vida sin aferrarse a ellas. Como dijo más tarde Marco Aurelio: «Donde es posible vivir, también allí se puede vivir bien y es posible vivir en palacio, luego es posible también vivir bien en palacio». Esta permisividad con la comodidad era algo que hacía que el estoicismo fuera más atractivo en aquella época, y ciertamente también hoy.

Tras la muerte de Zenón (que, por cierto, era tan admirado por los atenienses que le construyeron una estatua de bronce), el estoicismo siguió siendo una escuela filosófica ateniense de primer orden (junto a otras) hasta el año 155 a. C., cuando ocurrió algo muy importante para la filosofía antigua: los principales nombres del estoicismo (Diógenes de Babilonia) y de otras escuelas filosóficas fueron elegidos embajadores para representar a Atenas en las negociaciones políticas con el imperio romano, en Roma. Si bien las negociaciones tienen poco interés, no lo tiene el impacto cultural que tuvo esta visita. Los atenienses pronunciaron multitud de conferencias y despertaron el interés por la filosofía entre los romanos más conservadores. El estoicismo se convirtió en una escuela floreciente en Roma con todos los estoicos famosos cuyos escritos sirven como fuente principal para los filósofos actuales: Séneca, Musonio Rufo, Epicteto y Marco Aurelio (a quienes nos referiremos en breve).

El estoicismo fue una de las escuelas filosóficas más influyentes y respetadas prácticamente durante los cinco siglos posteriores. Lo practicaban tanto los ricos como los pobres, los poderosos y los que sufrían, en la búsqueda de la buena vida. Sin embargo, tras la muerte de sus famosos maestros —Musonio Rufo, Epicteto y el emperador romano Marco Aurelio—, el estoicismo cayó en una depresión de la que aún no se ha recuperado. La falta de maestros carismáticos y el auge del cristianismo fueron las principales razones del declive de una filosofía tan popular.

La idea del estoicismo, sin embargo, se abrió camino en muchos escritos de filósofos históricos como Descartes, Schopenhauer y Thoreau. Y vuelve a abrirse camino en la vida de la gente corriente (sin ofender) como tú y yo. Este regreso del estoicismo se remonta a la logoterapia de Viktor Frankl y a la terapia racional emotiva conductual de Albert Ellis, ambas influenciadas por la filosofía estoica. En años más recientes, autores como Pierre Hadot, William Irvine, Donald Robertson y, especialmente, Ryan Holiday han contribuido también al retorno del estoicismo.

Los filósofos estoicos más importantes

Mira a tu alrededor, estás en medio de miles de personas entusiasmadas que agitan sus banderas, gritan y animan apasionadamente a sus corredores de carros favoritos en la arena del Circo Máximo: aleja el zoom, sube un kilómetro hacia el norte, enfoca... ¡Grrr! Delante de ti, un gladiador lucha contra un león; a la derecha, otro gladiador apunta con su lanza en tu dirección; a la izquierda, un monstruoso elefante corre hacia ti. En aquellos tiempos dramáticos, nuestros protagonistas enseñaban y practicaban la filosofía estoica. Aunque la filosofía es mucho menos emocionante que las sangrientas batallas del Coliseo (donde acabas de ser aplastado por un elefante), es la filosofía la que ha sobrevivido hasta nuestros días. Por buenas razones, como descubrirás en los siguientes capítulos.

Ahora veremos a los cuatro estoicos romanos cuyos escritos y enseñanzas sobrevivieron durante casi dos milenios y ahora constituyen la base del estoicismo: Séneca, Musonio Rufo, Epicteto y Marco Aurelio. Dicen que se escribieron más de mil libros sobre la filosofía estoica, pero solo han sobrevivido unos pocos, principalmente los de estas luminarias.

Por suerte, estos hombres brillantes (pero también imperfectos) no vivían en cuevas escondidas en la montaña, sino que todos ellos estaban plenamente comprometidos con la sociedad y trabajaban para hacer del mundo un lugar mejor. Conocerás a un dramaturgo increíblemente rico y equivalente a un empresario actual, conocerás a una de las primeras feministas y a un esclavo lisiado que se convertiría en el principal consejero del emperador romano y la persona más poderosa del mundo. Para ser fieles al título de este libro, solo arañaremos la superficie de las fascinantes vidas de los cuatro filósofos estoicos más importantes.

Séneca el Joven (*circa* 4 a. C. – 65 d. C.)

«Si un hombre no sabe en qué puerto navega,
ningún viento es favorable.»

SÉNECA

El filósofo estoico más controvertido, Lucio Anneo Séneca, conocido principalmente como Séneca el Joven o simplemente Séneca, nació alrededor de la época de Jesús en Córdoba, España, y se educó en Roma, Italia. Es reconocido como uno de los mejores escritores de la antigüedad y muchos de sus ensayos y cartas personales han sobrevivido y constituyen una importante fuente de filosofía estoica. Estos escritos nos resultan cercanos porque Séneca se centró en el aspecto más práctico del estoicismo: hasta cómo hacer un viaje; cómo afrontar la adversidad y las emociones que ésta provoca, como la pena o la ira; cómo manejarse mientras se comete un suicidio (cosa que fue obligado a hacer); cómo afrontar la riqueza (que él conocía demasiado bien) y la pobreza. Séneca vivió una vida extraordinaria, una vida que plantea muchas dudas cuando se estudia de cerca. Aparte de sus cartas, que siguen siendo leídas casi dos milenios después de su muerte, entró en los libros de historia por muchas más razones. Fue un dramaturgo de éxito. Se hizo extremadamente rico gracias a sus inteligentes empresas financieras (podría compararse con los emprendedores y los inversores de hoy en día, si se quiere). Fue enviado al exilio por cometer adulterio con la sobrina del emperador, obligado a vivir en lo que él llamaba una «roca estéril y espinosa», Córcega —que, por cierto, hoy en día es un popular destino de vacaciones conocido por sus pintorescos paisajes—. Tras ocho años de exilio, la nueva esposa del emperador quiso que Séneca fuera el tutor de su hijo Nerón.

Cuando Nerón se convirtió en emperador, Séneca fue ascendido al puesto de asesor y se convirtió en una de las personas más ricas del Imperio Romano. Según el escritor Nassim Taleb, que dedicó un capítulo entero a Séneca en su libro *Antifrágil*, «su fortuna era de trescientos millones de denarios (para tener una idea de la equivalencia, más o menos en la misma época, Judas obtuvo treinta denarios, el equivalente a un mes de salario, por traicionar a Jesús)». Esta riqueza extrema en un filósofo que promovía el desapego de las posesiones materiales es una de las razones por la que a veces le tildaron de hipócrita. El otro hecho que suscita dudas es que fue el tutor y consejero del emperador Nerón, un gobernante egoísta y cruel que ordenó matar a su madre y a muchas otras personas. En el año 65, Nerón ordenó a Séneca que se suicidara porque supuestamente había estado implicado en una conspiración contra el emperador.

Hipócrita o no, Séneca vivió una vida turbulenta, llena de riquezas y poder, pero también de filosofía e introspección (sabía muy bien que era imperfecto). El estoicismo fue una constante en su vida y marcó sus numerosas y útiles cartas inspiradoras que citaré abundantemente a lo largo de este libro.

Musonio Rufo (*circa* 30 d. C. – *circa* 100 d. C.)

«Ya que todo hombre muere, es mejor morir con distinción que vivir mucho tiempo.»

MUSONIO RUFO

Cayo Musonio Rufo, el menos conocido de los cuatro grandes estoicos romanos, enseñó la filosofía estoica en su propia escuela. Sabemos poco sobre su vida y sus enseñanzas porque no se molestó en escribir nada. Afortunadamente, uno de los alumnos de Musonio, Lucio, tomaba notas durante las clases. Rufo abogaba por una filosofía práctica y vivida. Como él mismo decía: «Al igual que no sirve de nada el estudio de la medicina si no conduce a la salud del cuerpo humano, tampoco sirve de nada una doctrina filosófica si no conduce a la virtud del alma humana». Ofrecía consejos detallados sobre hábitos alimenticios, vida sexual, cómo vestirse adecuadamente y cómo comportarse con los padres. Además de pensar que la filosofía debía ser muy práctica, creía que debía ser universal. Sostenía que tanto las mujeres como los hombres podían beneficiarse de la educación y del estudio de la filosofía.

Musonio Rufo era el maestro estoico más destacado de la época y su influencia en Roma era respetable. Demasiado para el tiránico emperador Nerón, que lo exilió a la isla griega de Gyaros en el año 65 (sí, el exilio era habitual en la antigua Roma). La descripción que hace Séneca de Córcega como «roca estéril y espinosa» habría encajado mucho mejor en Gyaros, que realmente era (y sigue siendo) una isla desértica. Tras la muerte de Nerón en el año 68, Musonio regresó a Roma siete años más, para después ser exiliado de nuevo. Murió en torno al año 100 d. C. y dejó tras de sí no solo los pocos apuntes de conferencias de Lucio, sino también a su alumno más famoso, Epicteto, que como veremos ahora, se convirtió en un influyente maestro estoico.

Epicteto (*circa* 55 d. C. – *circa* 135 d. C.)

«No expliques tu filosofía, encárnala.»

EPICTETO

Epicteto nació siendo esclavo en Hierápolis (actual Pamukkale en Turquía). Su verdadero nombre, si es que lo tenía, es desconocido. Epicteto significa simplemente «propiedad» o «lo que se compró». Fue adquirido por Epafrodito, un rico liberto (es decir, antiguo esclavo) que trabajaba como secretario del emperador Nerón en Roma, lugar donde Epicteto pasó su juventud. Estaba lisiado de una pierna, bien por nacimiento o por una herida recibida de un antiguo amo. Su nuevo amo, Epafrodito, lo trató bien y le permitió estudiar filosofía estoica con el maestro más renombrado de Roma, Musonio Rufo.

Tras la muerte de Nerón en el año 68, Epicteto fue liberado por su amo, una práctica común en Roma con los esclavos inteligentes y educados. Creó su propia escuela y enseñó filosofía estoica durante casi veinticinco años, hasta que el emperador Domiciano desterró a todos los filósofos de Roma. Epicteto huyó y trasladó su escuela a Nicópolis de Epiro, en Grecia, donde llevó una vida sencilla con pocas posesiones. Tras el asesinato de Domiciano, el estoicismo recuperó su respetabilidad y se hizo popular entre los romanos. Epicteto fue el principal maestro estoico de la época y podría haber regresado a Roma, pero prefirió quedarse en Nicópolis, donde murió hacia el año 135 de la era cristiana. A pesar de su ubicación, la escuela atrajo a estudiantes de todo el Imperio Romano y les enseñó, entre otras cosas, a conservar la dignidad y la tranquilidad incluso ante las grandes dificultades de la vida.

Al igual que su propio maestro Musonio Rufo, Epicteto no escribió nada. Afortunadamente, hubo de nuevo un friki entre los estudiantes, Arriano, que tomó notas al pie de la letra y escribió los famosos *Discursos*, una serie de extractos de las conferencias de Epicteto. (Ahora soy yo el friki que intenta organizar todo el estoicismo en un pequeño libro...). Arriano también compiló el breve libro *Enquiridión*, un resumen de los principios más importantes de los *Discursos*. *Enquiridión* se traduce a menudo como «manual», pero significa literalmente «daga o puñal», más como algo que siempre se tiene a mano, listo para enfrentarse a los retos de la vida.

Marco Aurelio (121 d. C. – 180 d. C.)

> «Esto nunca deja de sorprenderme: todos nos amamos
> a nosotros mismos más que a cualquier otro,
> pero nos importa más la opinión de otros que la propia.»

MARCO AURELIO

«No pierdas más tiempo discutiendo sobre lo que debe ser un buen hombre. Sé uno.» Estas palabras no fueron escritas por un tipo raro, sino por un caso excepcional de rey filósofo y, en su momento, el hombre más poderoso de la tierra: Marco Aurelio, emperador del legendario Imperio Romano. Es el más conocido de todos los filósofos estoicos y sus *Meditaciones*, una serie de doce libros cortos que escribió totalmente para sí mismo (como un diario), como su propia guía de superación, son consideradas una de las mayores obras filosóficas de todos los tiempos.

Se dice que, de adolescente, Marco Aurelio no solo disfrutaba de actividades como la lucha, el boxeo y la caza, sino también de la filosofía. Estudió con diferentes filósofos, uno de los cuales le prestó un ejemplar de los *Discursos* de Epicteto, que se convirtió en la influencia más importante para él. Cuando tenía dieciséis años, el emperador Adriano adoptó al tío materno de Marco Aurelio, Antonino, quien a su vez adoptó a Marco Aurelio (su verdadero padre murió cuando era más joven). Cuando Marco Aurelio entró en la vida palaciega, el poder político no se le subió a la cabeza (no lo permitió), ni como coemperador de su padre adoptivo ni como emperador él mismo tras la muerte de Antonino. Ejerció una gran moderación en el uso del poder y del dinero. Además, a pesar de su interés por la filosofía estoica, optó por no utilizar su poder para predicar el estoicismo ni dar lecciones a sus compatriotas sobre los beneficios de su práctica. Fue un emperador excepcionalmente bueno y gobernó desde el año 161 d. C. hasta su muerte en el 180 d. C., y es el último de una sucesión de gobernantes conocida como los «cinco emperadores buenos».

3

El triángulo estoico
de la felicidad

«El fuego ardiente hace que todo lo que se arroja en él
se convierta en llamas y brillo.»

Marco Aurelio

Basta de historia, es hora de llegar al corazón del estoicismo. ¿Qué creían y enseñaban exactamente estos fascinantes filósofos? ¿Cómo planeaban mantener su promesa de una vida supremamente feliz y tranquila? ¿Cómo pueden sus principios prepararnos para enfrentarnos a cualquier desafío que nos plantee la vida? ¿Y cómo podemos dominar nuestras emociones y convertirnos en una fortaleza irreductible? Es sencillo: hay que salir al mundo real y entrenarse como un guerrero-filósofo. Pero primero hay que conocer las reglas de juego, saber por qué hay que luchar y saber qué dirección tomar. Estos son los principios básicos del estoicismo que aprenderás en esta parte del libro.

Puede que pienses que explicarlo es muy fácil. «Ve al grano, ¿cuáles son los principios básicos?» Yo pensé lo mismo cuando me topé con el estoicismo por primera vez. Me enganché rápidamente, leí bastante sobre el tema y les hablé a mis amigos sobre esta genial filosofía. Pero cuando querían saber en qué consistía exactamente, fracasaba estrepitosamente a la hora de explicarlo. Me di cuenta de que, a pesar de los muchos textos que había leído, apenas sabía nada del estoicismo, ni siquiera conseguía explicárselo bien a mis amigos.

Resulta que no es tan fácil obtener una visión general de esta filosofía. Los textos originales, que consisten en apuntes de conferencias, cartas personales y anotaciones en diarios, no ofrecen una respuesta tan clara como la de un libro de texto. E incluso creo que los libros modernos carecen de explicaciones infalibles. A menudo se trata de una mezcla de fantásticas ideas estoicas, que sin duda merecen ser estudiadas, pero que no consiguen ofrecer una visión general sencilla a la que agarrarse.

Esta es básicamente la idea del triángulo estoico de la felicidad. Te da una visión sencilla de los principios básicos del estoicismo. Si conoces el triángulo, puedes explicar los aspectos más importantes de lo que es el estoicismo incluso a un niño de cinco años. Es lo mejor que se me ha ocurrido para presentar la filosofía estoica de forma sencilla y visual, combinando literatura antigua y moderna. Espero que te resulte útil. Y ten en cuenta que el Triángulo Estoico de la Felicidad no es lo que los estoicos enseñaban *per se*, es mi visualización de sus enseñanzas principales.

El Triángulo Estoico de la Felicidad en pocas palabras

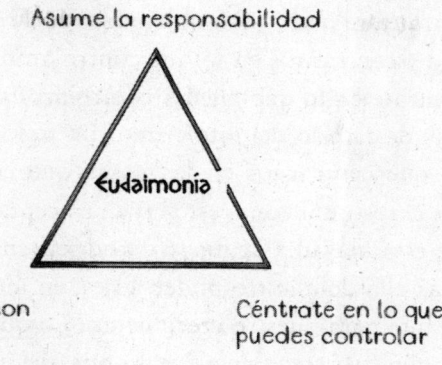

Asume la responsabilidad

Eudaimonía

Vive con
areté

Céntrate en lo que
puedes controlar

Eudaimonía: En el centro del triángulo está la eudaimonía, el objetivo último de la vida en el que coinciden todas las filosofías antiguas. Como se mencionó en el capítulo 1, ésta es la promesa principal de la filosofía estoica y consiste en vivir una vida supremamente feliz y fluida. Se trata de prosperar en nuestras vidas. Eso es básicamente lo que todos queremos, prosperar y vivir una vida feliz, ¿verdad? Por eso está en el centro del Triángulo Estoico de la Felicidad. ¿Recuerdas el origen griego de la palabra? Significa estar en buenos términos (*eu*) con tu daimon interior, tu yo más elevado. ¿Y cómo podemos conseguirlo? Viviendo con areté.

Vive con areté: Expresa tu yo más elevado en cada momento. Si queremos ser coherentes con nuestro yo más elevado, tenemos que reducir la distancia entre lo que somos capaces de hacer y lo que realmente hacemos. Se trata de ser tu mejor versión en el aquí y ahora. Se trata de usar la razón en nuestras acciones y vivir en armonía con nuestros valores más profundos. Obviamente, es más fácil decirlo que hacerlo; lo que puede ayudarnos a alcanzar este ambicioso objetivo es separar lo bueno de lo malo y centrarnos en lo que controlamos.

Céntrate en lo que puedes controlar: Este es el principio más destacado del estoicismo. En todo momento, tenemos que centrarnos en las cosas que controlamos, y aceptar el resto tal como es. Hay que aceptar lo que ya es, porque está más allá de nuestro poder deshacerlo. Lo que está más allá de nuestro poder no es, en última instancia, importante para nuestro crecimiento. Lo que es importante para nuestro crecimiento es lo que elegimos hacer con las circunstancias externas. Así que, independientemente de la situación, siempre está en nuestra mano intentar sacar lo mejor de ella y vivir en armonía con nuestro yo ideal.

Asume la responsabilidad: Lo bueno y lo malo provienen únicamente de uno mismo. Esto es consecuencia de los dos primeros ángulos del triángulo, que dicen que las cosas externas no son importantes para la buena vida, así que vivir con areté, que está dentro de tu control, es suficiente para prosperar en la vida. Además, eres responsable de tu vida porque cada evento externo que no controlas ofrece un área que sí puedes controlar, es decir, cómo eliges responder a ese evento. Esto es crucial en el estoicismo, no son los eventos los que nos hacen felices o desgraciados, sino nuestra interpretación de esos eventos. Aquí es donde puedes construir tu fortaleza: el momento en que decides dejar de dar poder sobre ti a los acontecimientos externos.

Por supuesto, esto es solo la parte exterior del triángulo, y apenas hemos arañado la superficie. En las próximas páginas estudiaremos cada ángulo en detalle, con ideas y metáforas clarificadoras, y conoceremos al villano que a muchos de nosotros nos impide expresar nuestro yo más elevado a cada momento. Pero antes, recordemos la analogía del surf.

A continuación, la parte teórica, muy importante pero no tan divertida, al principio de tu primera clase de surf. Oh, ahí vamos… Algunos sabios corren directamente al agua, a pesar de las advertencias. Siempre pasa. Aquí está lo bueno: cuando terminemos y te lances al agua tras ellos, los superarás inmediatamente, porque les falta lo básico, ¡y sus caras no tendrán precio! Sin embargo, algunos regresarán, porque se habrán dado cuenta de que les faltaba algo o se habrán hecho daño. De todos modos, empecemos sin los prófugos y te meterás en el agua antes de que te des cuenta. A la arena, listos, ¡ya!

1. Vive con areté: Expresa tu mejor yo en cada momento

«Un buen carácter es la única garantía de felicidad
eterna y despreocupada.»

SÉNECA

El primer ángulo del triángulo estoico de la felicidad es «vivir con areté». La traducción clásica de esta palabra griega es «virtud» o «excelencia». Yo prefiero la forma en que Brian Johnson, el filósofo que está detrás del sitio web optimize.me, describe la areté: «Expresar la versión más elevada de ti mismo en cada momento». Por este significado más profundo de la palabra y porque aparentemente era uno de los ideales más elevados de la cultura griega, vamos a utilizar la palabra original para el nombre de esta primera esquina del triángulo. También utilizaremos necesariamente la traducción común en español, «virtud», así que tenlo en cuenta.

El objetivo último del estoicismo se sitúa en el centro del triángulo: *eu-daimon-ia*, vivir una vida feliz y fluida. Para lograr este objetivo, necesitamos estar en buenas relaciones (*eu*) con nuestro daimon interior, la versión más elevada de nosotros mismos, nuestro potencial natural innato. En todo lo que hagas, imagina que hay dos líneas: la línea superior, que indica lo que eres capaz de hacer, y la línea inferior, lo que realmente haces. Vivir con areté es tratar de alcanzar la línea superior y expresar lo que eres capaz de hacer en este mismo momento. Eso es actualizar la versión más elevada de ti mismo, eso es estar en buenos términos con tu daimon interior, eso es alcanzar la vida feliz y fluida llamada eudaimonía.

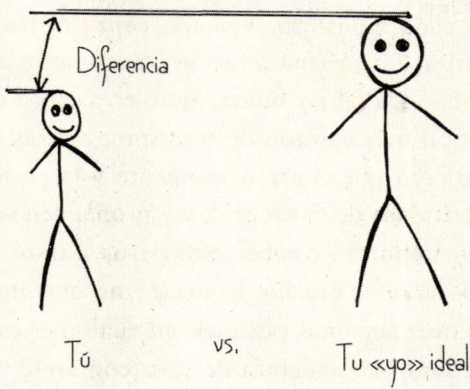

Tú   vs.   Tu «yo» ideal

Ahora bien, esta perfecta actualización de nuestro yo más elevado puede no ser demasiado difícil de expresar en situaciones aisladas o en nuestra imaginación, pero si lo llevamos al mundo real, fracasamos estrepitosamente. Y eso está bien, para eso estamos aquí, para aprender sobre nosotros mismos y cómo expresar nuestra versión más elevada momento a momento. Por eso intentamos mejorar, por eso intentamos mejorar nuestra virtud. Piensa en la areté o la virtud como una forma de sabiduría o de fuerza que te ayuda a hacer lo apropiado en cada momento, para que tus acciones estén en armonía con tu yo más elevado: valiente, disciplinado y amable, por ejemplo. La virtud es lo que te ayuda a reducir la distancia entre lo que realmente haces y lo que eres capaz de hacer. Cuanto más grande sea esa distancia, más lejos estarás de la eudaimonía, y peor te encontrarás. Porque en algún lugar dentro de la oscuridad de la diferencia, están al acecho los malos, liderados por el arrepentimiento, la ansiedad y la desilusión.

De acuerdo, la virtud consiste en tratar de ser lo mejor posible en cada momento. Y si eres capaz de hacerlo, entonces tendrás una buena relación con tu yo más elevado y vivirás una vida feliz y fluida. Si no eres capaz de expresar la versión más elevada de ti mismo, estarás abriendo un camino para que el arrepentimiento y la ansiedad salgan arrastrándose de la oscuridad y propaguen sufrimiento. Es muy importante saber esto pero, seamos sinceros, aún no nos sirve de mucho. Es decir, ¿no queremos todos ser las mejores personas posibles, en cualquier caso? (Eso espero.) Ahora bien, además de vivir con areté, los estoicos solían utilizaban otra frase con el mismo objetivo de expresar la versión más elevada de uno mismo: vivir de acuerdo con la naturaleza. Comprendamos esto y veremos si después somos más inteligentes.

La perfección de nuestro potencial natural

Los estoicos creían que la naturaleza quiere que prosperemos en la vida. Por eso, el daimon interior, nuestro yo más elevado, fue plantado dentro de todos nosotros como si fuera una semilla divina, de modo que nuestro potencial natural es convertirnos en esa versión más elevada de nosotros mismos. Como dijo Musonio Rufo, todos «nacemos con una inclinación hacia la virtud». En otras palabras, es nuestra naturaleza completar lo que se ha iniciado con esa semilla divina y dar vida a nuestro potencial humano. Así, la virtud de una persona depende de su excelencia como ser humano, de lo bien que realice su potencial natural. Ser virtuoso, entonces, es vivir como la naturaleza nos diseñó para vivir. De ahí viene el aforismo estoico de «vivir de acuerdo con la naturaleza».

En pocas palabras, la virtud es igual para todos los seres vivos: la perfección de su propia naturaleza. Por tanto, vivir con areté es básicamente completar nuestra naturaleza. Sin esa compleción, nos falta algo y nuestra vida quedará insatisfecha. Está claro: si no vivimos de acuerdo con nuestro potencial innato, nunca nos sentiremos realizados.

Veamos un ejemplo en la naturaleza. El potencial natural de una semilla de uva es crecer hasta convertirse en vid y dar uvas. Así que una semilla de uva vive con areté o de acuerdo con la naturaleza cuando se cumple su potencial natural al crecer en forma de vid y producir uvas.

Al igual que a la buena vida le basta con que la vid produzca uvas, a nosotros nos basta con expresar la versión más elevada de nosotros mismos en cada momento. Esto es todo lo que hace falta. No hace falta nada externo para llegar a la buena vida: ni un chalet en la playa, ni anillos de diamantes, ni platos de porcelana ni, en general, nada que no haya sido sembrado como potencial natural. Y esto es lo que hace que el estoicismo sea tan atractivo. El potencial para vivir la buena vida está dentro de todos nosotros, seamos ricos o pobres, sanos o enfermos, bellos como una modelo o de otro tipo. Todos podemos alcanzar la buena vida. Pero me estoy adelantando, aprenderemos más sobre la poca importancia de las cosas externas en el segundo ángulo del triángulo estoico de la felicidad.

Tu potencial natural reside en tu versión más elevada de ti mismo. Pero hay más. Los estoicos sostenían que lo que más nos diferencia de otros animales es la capacidad humana de usar la razón. El maestro estoico Epicteto explicó que lo que nos separa de las bestias salvajes y las ovejas es nuestro elemento racional, y no nuestra piel desnuda, nuestros huesos más débiles o la falta de cola. Negamos nuestra propia humanidad y caemos en el estado de oveja, permitimos que nuestras acciones sean impulsivas y desconsideradas. Preguntaba: «Cuando nuestras acciones son combativas, maliciosas, airadas y groseras, ¿no caemos y nos convertimos en bestias salvajes?».

Lo que Epicteto quiere decir es que nuestra capacidad de usar la razón está en el centro del potencial natural que necesitamos realizar, y como mejor se muestra es a través de nuestras acciones, expresándolo en cada momento. Por un lado, la capacidad de usar la razón es nuestro don más preciado y, si vivimos de acuerdo con ella, tendremos una vida feliz y fluida, como la vid que produce uvas. Por otro lado, es nuestra carga más pesada, porque si no vivimos de acuerdo con ella, caemos al nivel de una bestia, negamos nuestra humanidad y no viviremos una vida feliz, como una vid que no produce uvas comestibles.

Para los estoicos, pues, es razonable tratar de ser siempre la mejor persona posible. Todos tenemos la semilla de la razón, la semilla de nuestro yo más elevado, plantada en nuestro interior. Y, por lo tanto, tenemos el potencial de vivir una vida virtuosa, es decir, una vida dirigida por la razón y en la que expresemos nuestro yo ideal. Esta expresión se manifiesta en acciones generalmente honorables y loables que nos benefician a nosotros mismos y a los demás. Como hemos aprendido antes, la virtud es para todos los seres vivos la perfección de su propia naturaleza; en el caso de los humanos, pues, la virtud es la perfección de la razón. Dicho de otro modo, vivir con areté es la perfección de expresar nuestro yo más elevado en cada momento. Recuerda que vivir con areté, con la virtud, con la razón y en concordancia con la naturaleza son expresiones diferentes que describen un mismo objetivo.

En la filosofía estoica, está claro que la perfección de la razón no solo se refiere a acciones racionales, sino también sociales, en forma de deberes para con nuestros semejantes, como honrar a nuestros padres, ser agradables con nuestros amigos e interesarnos por el bienestar de la humanidad. Por tanto, como criaturas racionales y sociales, debemos aplicar la razón y expresar nuestro yo más elevado en tres ámbitos fundamentales de la vida:

- **Nuestra propia mente:** Como seres humanos con capacidad de pensar razonablemente, debemos considerar nuestras acciones de manera racional y sabia, y en todo momento tratar de ser lo mejor posible.
- **Con otras personas:** Como seres sociales que se preocupan naturalmente por los otros, debemos intentar vivir en armonía con los demás y contribuir al bienestar de la humanidad.
- **En el universo:** Como ciudadanos del vasto cosmos, debemos tratar de vivir en armonía con la naturaleza,

aceptar con calma los acontecimientos que nos suceden y tratar de responder con sabiduría.

Lo sé, toda esta idea de la areté, la virtud, la razón y la realización de nuestra naturaleza es muy abstracta y es difícil tener una comprensión clara de cómo se vive esto en la práctica. Por suerte, los estoicos utilizaron una clasificación más comprensible de la virtud que la dividía en cuatro rasgos de carácter deseables conocidos como «las cuatro virtudes cardinales». Sin embargo, antes de examinarlas, conozcamos rápidamente al sabio estoico, el ideal hipotético que los estoicos utilizaban para representar a la persona perfectamente sabia y buena, el Adonis del carácter, por así decirlo.

Tal vez te hayas preguntado si es posible ser lo mejor posible en cada momento. No, no lo es. Por eso los estoicos utilizaban al sabio como ideal, porque no hay humanos perfectos. Y para los estoicos no necesitamos ser perfectos, pero al menos podemos intentar ser lo mejor posible. Por eso contemplaban al sabio, querían ser lo mejor posible y, al igual que él, alcanzar la eudaimonía perfecta. «[El sabio] Vive en total armonía consigo mismo, con el resto de la humanidad y con la Naturaleza en su conjunto», escribe Donald Robertson, «porque obedece a la razón y acepta su destino con gracia, en la medida en que está fuera de su control. Se ha elevado por encima de los deseos y las emociones irracionales, hasta alcanzar la paz mental. Su carácter es absolutamente loable, honorable y hermoso».

No es de extrañar que «el sabio» sea un ideal hipotético, pero los estoicos dicen que es beneficioso tener a alguien a quien admirar y comparar con nosotros mismos. El sabio nos ayuda a imaginar nuestro yo ideal y actúa como un poste indicador que nos muestra la dirección. Veamos ahora las cuatro virtudes con las que podemos intentar ofrecer una actuación como la del sabio.

Las cuatro virtudes cardinales

Tú y yo nos acercamos a nuestro objetivo común de la buena vida progresando hacia la vida con areté. Ahora podemos evaluar este progreso con cuatro amplios rasgos de carácter que los estoicos adoptaron de la filosofía socrática. Dividieron la virtud en las cuatro virtudes cardinales de la sabiduría, la justicia, el valor y la autodisciplina. Vivir de acuerdo con estas cualidades hace que el carácter sea fuerte y permite realizar acciones honorables y loables, como el sabio. Los rasgos de carácter opuestos, inmorales y perversos, se conocen como los «cuatro vicios cardinales». *Kakia* es la palabra griega que se opone a areté y produce un carácter débil que se expresa con un comportamiento vergonzoso e ignorante. Veamos todos ellos, uno por uno:

- **La sabiduría** consiste en comprender cómo actuar y sentir adecuadamente. La sabiduría incluye una excelente deliberación, un sano juicio, perspectiva y sentido común. Se opone al vicio de la insensatez o la irreflexión.
- **La justicia** consiste en saber actuar y sentirse bien en las relaciones con los demás. La justicia incluye

el buen corazón, la integridad, el servicio público y la equidad. Se opone al vicio de la maldad o la injusticia.

- **El coraje** consiste en saber actuar y sentir correctamente ante situaciones de miedo. El valor incluye la valentía, la perseverancia, la honestidad y la confianza. Se opone al vicio de la cobardía.

- **La autodisciplina** (o templanza) consiste en saber actuar y sentir correctamente, a pesar de emociones como el deseo, la resistencia interior o la lujuria. La autodisciplina incluye el orden, el autocontrol, el perdón y la humildad. Se opone al vicio del exceso.

Definitivamente, estos son rasgos de carácter por los que vale la pena esforzarse, ¿verdad? Si eres como yo, estos rasgos son intuitivos y todos, incluso en diferentes religiones y culturas, valoramos estos mismos rasgos en nosotros mismos y en los demás. Al leerlos, puede que pienses que eres bueno en justicia, porque siempre tratas a los demás con una equidad excepcional, pero que no eres tan bueno en autodisciplina, porque a menudo te cuesta conformarte con una única copa de Rioja. Ahora bien, aunque tiene mucho sentido decir que eres mejor en algunas de estas virtudes y peor en otras, para los estoicos lo que cuenta siempre es el conjunto. La virtud es un paquete de todo o nada.

Los estoicos ofrecieron una analogía para aclarar estas ideas: un individuo puede ser poeta, orador o general, pero al mismo tiempo sigue siendo un solo individuo. Y también las virtudes están unificadas en uno, pero pueden aplicarse a diferentes ámbitos de actuación. Así, este individuo puede ser un excelente poeta, un buen orador y un pésimo general, pero lo que importa es la persona en su conjunto y no las acciones individuales en sus respectivas áreas. Y, si lo pensamos bien, este paquete de todo o nada tiene sentido. Al fin y al cabo, no queremos llamar virtuoso a un ladrón de bancos muy disciplinado y valiente.

La virtud perfecta es un ideal que solo el sabio puede alcanzar, pero es alentador saber que lo importante eres tú en tu totalidad. Puedes crecer y madurar como una persona completa y no importa si alguien observa tus acciones virtuosas o no: progresar y tratar de ser lo mejor posible es suficiente. Así que la virtud es esencialmente una forma de sabiduría práctica: saber qué es lo que hay que hacer y hacerlo realmente. Y ten en cuenta que, al igual que una vid no producirá uvas perfectas en sus primeros años y seguirá teniendo algunas uvas agrias incluso en su mejor momento, tú también mejorarás si intentas ser lo mejor posible, pero seguirás teniendo algunos defectos. Esta imperfección es perfectamente natural y algo que los estoicos observaron en sus propias vidas.

He aquí un ejemplo de Séneca: «Cuando han retirado de mi vista la luz y se ha callado mi esposa, conocedora ya de mi costumbre, examino toda mi jornada y repaso mis hechos y mis dichos: nada me oculto yo, nada paso por alto». Séneca declaraba todas las noches ante su propio tribunal interior y compartió algunos ejemplos en su carta *De la ira*.[4] Mi anécdota favorita es cuando una vez se en-

---

4. Biblioteca Virtual Miguel de Cervantes. www.cervantesvirtual.com/obra-visor/de-la-ira-0/html/fefae560-82b1-11df-acc7-002185ce6064_2.html

fadó porque no le sentaron en el lugar de honor que creía merecer. Se pasó la noche enfadado con el anfitrión que le ofreció el asiento y con los invitados que estaban sentados por encima de él. «Lunático», escribió en su diario, «¿qué más da en qué lado del sofá recuestes tu peso?».

La cuestión es que nadie será nunca perfecto en todas sus acciones y, mientras nos esforcemos al máximo, esto no importa. El mundo no es blanco o negro, no siempre podemos saber qué es lo correcto, pero siempre podemos intentar actuar con nuestra mejor intención. Y eso es lo que me parece que es la forma más fácil de entender la vida con areté: en todo momento, tratar de ser lo mejor posible, tratar de elegir la acción/respuesta adecuada y, simplemente, tratar de ser una buena persona que se preocupa por los demás y por la naturaleza en su totalidad. En otras palabras, desarrolla tu carácter. Y eso es lo que veremos después de una importante nota complementaria.

Atención (literalmente): Si queremos ser lo mejor que podemos ser en cada situación, si queremos vivir con areté, necesitamos ser conscientes de cada uno de nuestros pasos. Hoy lo llamamos *mindfulness*, los estoicos utilizaban el término «atención» (*prosochê*). En palabras de Marco Aurelio: «A todas horas, preocúpate resueltamente [...] de hacer lo que tienes entre manos con puntual y no fingida gravedad, con amor, libertad y justicia, y procúrate tiempo libre para liberarte de todas las demás distracciones». Puedes lograr esa mente libre de otros pensamientos «si ejecutas cada acción como si se tratara de la última de tu vida».

Imagina que estás caminando descalzo por la playa cuando, de repente, encuentras una zona llena de trozos de vidrios rotos. Ahora caminas con mucha precaución y vigilas cada paso para no hacerte daño: esa es la atención que los estoicos quieren que prestemos a cada acción. Esta atención enfocada y la observación continua son necesarias si queremos alinear activamente nuestras acciones con la virtud, porque ¿cómo podríamos asegurarnos de que actuamos virtuosamente si ni siquiera somos conscientes de nuestras acciones? Cuando dejamos que nuestros pensamientos se desvíen, nuestras acciones dejan de tener sentido, tropezamos con la insensatez y perdemos nuestra mejor oportunidad para la eudaimonía, ya que estamos lejos de ser nuestra mejor versión en el momento presente. Esto ocurrirá innumerables veces, pero es entonces cuando la atención plena es más necesaria. «La conciencia del mal es el primer paso para la salvación», dice Séneca. «Tienes que descubrirte haciéndolo antes de poder corregirlo.» Como hizo él cuando se dio cuenta de lo lunático que era por enfadarse con los demás por sus asientos. Sin esa conciencia, nuestras acciones se vuelven impulsivas, automáticas y aleatorias, exactamente lo contrario de lo que queremos.

«La atención (*prosochê*) es la actitud espiritual estoica fundamental», explica el autor Pierre Hadot. «Es una vigilancia y una presencia de ánimo continuas, una autoconciencia que nunca duerme y una tensión constante del espíritu. Gracias a esta actitud, el filósofo es plenamente consciente de lo que hace en cada instante, y todas sus acciones son acciones plenamente voluntarias.» Aunque esta conciencia que nunca duerme es la meta del estoico, Epicteto dijo que no es posible ser impecable, pero podemos intentarlo y «debemos estar contentos si al no remitir nunca esta atención evitamos al menos algunos errores».

El carácter vence a la belleza

«Deja a un lado el traje de senador, ponte harapos y aparece con ese carácter.» No importa qué papel desempeñes en la sociedad, no importa si llevas traje y corbata o calcetines y sandalias, Epicteto está señalando que lo que importa es tu centro, tu carácter. La única manera de reconocer a un verdadero estoico, por lo tanto, es por su carácter.

Piensa en alguien que conozcas que tenga un carácter muy fuerte. Me viene a la mente Bruno. Fue uno de mis primeros entrenadores de fútbol. Era leal, digno de confianza y, lo que es más importante, coherente en sus acciones. Era justo y honesto no solo cuando era conveniente, sino siempre. Era un hombre sólido como una roca con una pizca de humor fantástico. Estoy seguro de que puedes pensar en un Bruno en tu propia vida y queda claro por qué el estoicismo valora tanto el carácter de una persona.

«El carácter vence a la belleza», escribí una vez en un artículo. Probablemente esto no sea cierto en nuestra época, que algún día será descrita en los libros de historia como «la época de la manía por la belleza», pero es una verdad absoluta en la filosofía estoica. Los estoicos irían un paso más allá y afirmarían que «el carácter vence no solo a la belleza, sino también a la riqueza, al poder y, sí, incluso al Joker». Ser una persona virtuosa significa sobresalir por tu carácter y tratar siempre de hacer lo mejor, lo realmente honorable y digno de elogio. La virtud es en realidad el bien supremo en el estoicismo y vivir de acuerdo con ella te convertirá en una persona genuinamente buena. Y esto tiene premio extra. Déjame explicarte.

Volvamos a Bruno. ¿Crees que su actuación siempre justa y honesta pasaba desapercibida? No. Consiguió ascender como entrenador muchas veces y se convirtió en una de las figuras más importantes del club. Por lo que sé, todo el mundo le quería y le apreciaba. Su carácter fiable y firme le reportó muchas gratificaciones. Por mencionar algunas: el amor y la admiración de sus jugadores, el respeto y el poder en el club, etc. Y gracias a estos premios, estoy seguro de que Bruno experimentó sentimientos de alegría y valía.

Y así puede ser también en nuestras vidas. Cuando actuamos con valentía, honestidad y justicia, es posible obtener buenas sensaciones a cambio. Cuando levantas la voz contra Jimmy, el acosador, puede que la víctima te lo agradezca y, como consecuencia, te sientas orgulloso. Cuando cuentes a tus padres la verdad sobre ese antro, es posible que te sientas aliviado. Cuando perseveres en tu búsqueda de empleo, te sentirás feliz cuando te den el puesto.

Para los estoicos es importante que estos sentimientos positivos no sean el principal motivo para actuar de forma virtuosa. Los sentimientos positivos deben ser vistos como un plus añadido. La virtud debe ser para nosotros una recompensa en sí misma por al menos dos razones:

1. El plus añadido (por ejemplo, la sensación de alegría) no está bajo nuestro control.
2. El plus añadido también puede ser causado por otras acciones, no virtuosas.

Debes actuar de forma virtuosa porque es lo correcto y no porque te beneficie de una forma u otra. Ayudar a una chica acosada porque es lo apropiado y no porque te sientas bien después y tengas la oportunidad de tener una cita. Los beneficios adicionales son inciertos y no están bajo tu control. Solo controlas tu acción y no lo que ocurre después. Sí, puede que te sientas bien por haberla ayudado. Sí, puede que consigas su número de teléfono. Pero también puede que el acosador te dé una bofetada en la cara. Y puede que la chica te ignore. Por lo tanto, un estoico debe estar dispuesto a actuar con valor a pesar de que sus sentimientos le echen para atrás y no por los posibles beneficios futuros.

Marco Aurelio lo describe con elegancia en sus *Meditaciones*. Distingue tres tipos de personas. El primer tipo, después de actuar con bondad hacia otra persona, se apresura a exigir un favor a cambio. El segundo tipo no se apresura a pedir la devolución del favor, pero en privado habla del otro como su deudor. El tercer tipo de personas son simplemente «como la vid que ha producido uvas y no busca nada más después de haber dado su fruto». Como un caballo después de una carrera o una abeja después de producir miel, este tercer tipo de persona no pide nada, sino que pasa a la siguiente acción, «como la vid pasa a dar uvas de nuevo a su debido tiempo». Está en nuestra naturaleza hacer el bien a los demás, y debemos hacerlo por interés propio.

El amor estoico a la humanidad: actuar para el bien común

Somos criaturas sociales con un afecto natural hacia otras personas. La filosofía estoica está llena de bondad, amabilidad, amor por los seres humanos y atención al bien común, dice Séneca. El objetivo es ser útil, ayudar a los demás y cuidar tanto de nosotros mismos como de los que nos rodean.

Los estoicos alimentaron la idea de que debemos preocuparnos por los demás, desear que prosperen y desarrollar un sentido de parentesco con el resto de la humanidad, incluso tratando a los extraños y a los que se oponen a nosotros como parientes: hermanos y hermanas, tíos y tías. Todos somos ciudadanos del mismo mundo. Esta afinidad compartida constituye la base del amor y la amistad mutuos.

Una persona no puede lograr nada bueno para sí misma, dice Epicteto, «a menos que contribuya con algún servicio a la comunidad». Esa es la naturaleza de los animales sociales y racionales que somos. Estamos diseñados para vivir entre otros seres humanos, de forma parecida a las abejas, dice Musonio Rufo: «Una abeja no puede vivir sola: perece cuando está aislada». Y Marco Aurelio añade acertadamente: «Lo que no aporta ningún beneficio a la colmena tampoco lo aporta a la abeja». Nuestras acciones deben propiciar el bien común, o no nos beneficiarán a nosotros. Somos como un organismo masivo: todos dependemos unos de otros.

Nuestro deber social es sentir preocupación por toda la humanidad, trabajar juntos y ayudarnos mutuamente.

«Porque todo lo que haga», dice Marco Aurelio, «debe estar dirigido a este único fin, el beneficio común y la armonía». No podemos expresar lo mejor de nosotros mismos sin contribuir al mismo tiempo al bien común. Si buscamos lo mejor de nosotros mismos, nos preocuparemos activamente por el bienestar de todos los demás seres humanos. Lo mejor para los demás será lo mejor para ti.

No es que seamos sociales en el sentido de que nos guste estar rodeados de otras personas, es en el sentido más profundo de que no podríamos existir sin la ayuda de los demás. Por lo tanto, cuando hacemos el bien a los demás, en realidad nos beneficiamos a nosotros mismos. Beneficiar a los demás es una forma de virtud, y en última instancia nos beneficia a nosotros mismos, ya que la virtud es una recompensa en sí misma. Ahora que sabes que hacer el bien a los demás te beneficia a ti mismo, podrías hacer el bien a los demás de forma egoísta. Todo por tu propio beneficio.

Y, en última instancia, no importa si hacemos el bien a los demás por razones egoístas o altruistas, siempre que la intención sea actuar por el bien común. ¿Recuerdas los tres tipos de personas que describe Marco Aurelio? La primera siempre busca un retorno, la segunda piensa que el otro es su deudor y la tercera es como una vid que produce uvas y no busca ninguna compensación por ello. Su deber social es hacer el bien a los demás, y no pide nada a cambio.

Marco Aurelio dice que cumplir con tus deberes sociales te ayudará a tener una buena vida. Esa es la recompensa por actuar por el bien común, no la gratitud, la admiración o la simpatía; estas cosas son bonificaciones adicionales (inciertas) y no deberían ser la razón de tus acciones. Por eso Marco Aurelio actuó por el bien común por una razón egoísta: porque pensó que le ayudaría a tener una buena vida.

Vivir con areté y dirigir nuestras acciones hacia el bien común es una recompensa en sí misma. Esta es nuestra naturaleza y es, en última instancia, lo que nos ayuda a vivir una vida feliz y sin sobresaltos. No debemos buscar o desear beneficios adicionales, como la admiración de los demás, porque no están bajo nuestro control y pueden desvanecerse rápidamente. «Pero el sabio no puede perder nada», argumenta Séneca, «sus propios bienes se mantienen firmes, ligados a la virtud, que no requiere nada del azar, y por tanto no puede aumentar ni disminuir».

Tu carácter, derivado de tus acciones, es en lo que puedes confiar en todo momento. En la filosofía estoica, basta con expresar tu yo más elevado en todo momento, y dirigir tus acciones al bien común. Eso es todo lo que puedes hacer. Marco Aurelio se recuerda bellamente a sí mismo que una lámpara brilla hasta que su combustible se gasta por completo. Así que, ¿por qué no van a brillar su verdad, su justicia y su autocontrol hasta que se apague? En ese sentido, encendamos nuestras lámparas de virtud y dejémoslas brillar expresando nuestras versiones más elevadas durante todo el tiempo que podamos existir.

2. Céntrate en lo que controlas: Acepta lo que ocurre y saca lo mejor de ello

«¿En qué consiste la educación? En aprender a adecuar las presunciones naturales a los objetos en particular según la naturaleza y, además, a distinguir que, de lo existente, unas cosas dependen de nosotros y otras no dependen de nosotros.»

EPICTETO, *DISERTACIONES POR ARRIANO*

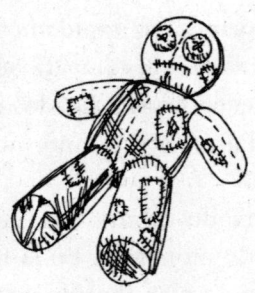

«En cuanto a todas las cosas que existen en el mundo, unas dependen de nosotros, otras no dependen de nosotros.» Estas son las primeras palabras del *Enquiridión* de Epicteto. Como aprendimos antes, *enchiridion* se puede traducir como «manual», y la separación entre lo que está en nuestro poder y lo que no lo está es algo que deberíamos tener siempre presente, listo para ayudarnos a lidiar con cualquier cosa que la vida nos depare. La enseñanza central de Epicteto es que hay cosas que dependen de nosotros y cosas que no; siempre debemos «hacer el mejor uso de lo que está en nuestro poder, y aceptar el resto como sucede». Esta idea es la piedra angular de la filosofía estoica, y representa el segundo ángulo de nuestro Triángulo Estoico de la Felicidad.

Imagina que tienes en tus manos un muñeco que se parece a ti. Digamos que es un muñeco *vudú*. Es hermoso. Ahora, te acercas a la ventana, la abres y lanzas tu muñeco a la calle. Te quedas dentro y esperas que el día sea soleado y que te pase algo bueno. De repente, la vida se convierte en una montaña rusa emocional, sin que tú puedas hacer nada. Un bulldog te ladra, te rompe el traje y te atropella un Prius. La vida es una mierda. Ahora bien, nadie le haría eso a su propio muñeco de vudú. ¿O sí? ¿No es eso exactamente lo que hace mucha gente al preocuparse por cosas que están fuera de su control? Cierto, esa es la raíz del sufrimiento emocional, preocuparse por los eventos externos. ¿Le gusto a Steven? ¿Conseguiré ese trabajo? ¿Por qué no soy más alta, más delgada o más guapa? Entregar el poder a cosas sobre las que no tenemos control directo causa sufrimiento emocional. Por eso los estoicos nos dirían que volviéramos a tomar ese muñeco de vudú imaginario en nuestras manos y decidiéramos cuándo maltratarnos y cuándo no. La cuestión es que los estoicos quieren que nos centremos en lo que controlamos y que dejemos que los *bulldogs* ladren donde puedan.

¿Qué es entonces lo que controlamos? Solo unas pocas cosas: nuestros juicios y acciones voluntarias. Podemos decidir qué significan los eventos para nosotros y cómo queremos reaccionar ante ellos (veremos nuestros juicios más de cerca en el tercer ángulo del Triángulo Estoico de la Felicidad). Y nuestras acciones, podemos elegir alinearlas con la virtud, como explicamos en la parte anterior.

Todo lo demás no está bajo nuestro control: desde el clima hasta el prójimo y sus acciones, pasando por nuestro cuerpo, nuestra salud y, literalmente, todo lo que sucede a nuestro alrededor.

Cierto, nuestro cuerpo, por ejemplo, no está completamente bajo nuestro control. Seguramente podemos influir en él con nuestro comportamiento: podemos levantar pesas, hacer sprints y comernos un brócoli al día, pero esto no hará que nuestras caderas sean más estrechas, nuestros hombros más anchos, nuestra nariz más recta o nuestros ojos más azules. Hay ciertas cosas que influyen en nuestro cuerpo que no controlamos, como los genes, nacer prematuramente o las lesiones. La llamada dicotomía estoica del control (algunas cosas dependen de nosotros, otras no) se refiere en realidad al reconocimiento de los tres niveles de influencia que tenemos sobre el mundo:

- **Alta influencia:** Nuestras elecciones en juicios y acciones.
- **Influencia parcial:** La salud, la riqueza, las relaciones y las consecuencias de nuestras acciones.
- **No hay influencia:** El clima, la etnia y la mayoría de las circunstancias externas.

«Esto depende totalmente de ti: ¿quién te impide ser bueno y sincero?» Marco Aurelio se recordaba a menudo a sí mismo el poder que le había concedido la naturaleza: el poder de elegir sus acciones y de crear su propio carácter. Decía que la gente no puede admirarte por lo que te ha concedido la naturaleza, pero que hay muchas otras cualidades que se pueden cultivar. «Así que haz gala de las virtudes que están totalmente en tu poder: integridad, dignidad, trabajo duro, abnegación, satisfacción, frugalidad, amabilidad, independencia, sencillez, discreción, magnanimidad.»

Somos los únicos que podemos impedir que cultivemos estas cualidades. Está en nuestras manos evitar la maldad, frenar nuestra arrogancia, dejar de desear la fama y controlar nuestro temperamento. «¿No ves cuántas virtudes puedes desplegar sin ninguna excusa de falta de talento o aptitud? ¿O acaso el hecho de no tener un talento innato te obliga a refunfuñar, adular o culpar?» No, no es así. Está en nuestro poder elegir nuestro comportamiento, aunque todo lo demás no esté o esté parcialmente bajo nuestro control.

Antes de examinar con más detalle lo que está bajo nuestro control, veamos un ejemplo práctico. La *Oración de la serenidad*, un mantra utilizado por Alcohólicos Anónimos y otras comunidades de recuperación, es básicamente esta idea aplicada en la práctica:

«Dios, concédeme la serenidad para aceptar las cosas que no puedo cambiar, el valor para cambiar las cosas que puedo, y la sabiduría para reconocer la diferencia.»

Los adictos en recuperación no pueden cambiar los abusos que han sufrido en su infancia, o quizá incluso antes de nacer. No pueden deshacer las decisiones que tomaron en el pasado; no pueden dejar de esnifar coca, beber alcohol o tragar pastillas. No pueden deshacer el dolor que se han causado a sí mismos y a los demás. Pero pueden aceptar el pasado e intentar cambiar el ahora y el futuro centrándose en las decisiones que están tomando ahora mismo. Y nosotros podemos hacer lo mismo centrándonos en lo que controlamos (es decir, en las decisiones que tomamos cada día) y aceptando el resto tal y como es. Porque es inútil y, por tanto, insensato, como decía Epicteto, preocuparse por cosas que no dependen de nosotros.

El arquero estoico: centrarse en el proceso

Como soy suizo, voy a contarte una leyenda suiza. A principios del siglo XIV, parte de Suiza estaba bajo el yugo de los emperadores Habsburgo de Viena. En un pueblo, el cruel gobernador levantó un poste en la plaza del mercado, colgó su sombrero de plumas en lo alto y exigió a todo el mundo que se inclinara ante él. Cuando Guillermo Tell y su hijo pasaron por allí, no hicieron ninguna reverencia (porque no sabían que había que hacerla o porque quisieron ignorarlo), el padre se vio obligado a disparar con su ballesta una flecha a una manzana colocada sobre la cabeza de su hijo. Por suerte, era un experto con la ballesta y le dio a la manzana en un tiro limpio. De todos modos, fue arrestado por admitir que tenía preparada una segunda flecha para matar al gobernador en caso de fallar al disparar a la manzana y hacerle daño a su hijo.

Gracias a una tormenta, Tell consiguió huir del barco que debía llevarle al castillo del gobernador para ser encarcelado. Sabiendo que se enfrentaba a una sentencia de muerte, se escondió en un callejón que conducía al castillo y preparó una emboscada. Cuando el cruel gobernador y sus secuaces atravesaron el callejón, Guillermo Tell saltó y disparó al gobernador directo al corazón, antes de desaparecer en el bosque. Este acto de valentía de mi compatriota provocó una revuelta que más tarde dio lugar a la confederación de la Suiza libre.

Cientos de años antes de que Tell disparara a una manzana sobre la cabeza de su hijo, los estoicos utilizaban la metáfora del arquero para explicar su idea fundamental, centrarnos en lo que controlamos. Tell puede tensar su arco, cerrar un ojo, enfocar, apuntar, contener la respiración y, finalmente, disparar. Ahora imagina que la flecha vuela por el aire a cámara lenta. Está ahí, moviéndose hacia la manzana. Está fuera de control: Tell ya no puede influir en ella, solo puede esperar y observar. Una ráfaga de viento inesperada podría desviar la flecha de su curso. Un pájaro podría interponerse volando delante de la flecha. El hijo podría agacharse, o su madre podría saltar y recibir heroicamente el disparo.

La cuestión es que Tell puede esforzarse al máximo en el momento en que dispara, pero que le dé a la manzana o a su hijo no está en su mano. Lo mismo nos ocurre a nosotros en la vida cotidiana. Podemos elegir nuestras intenciones y acciones, pero el resultado final depende de variables externas que escapan a nuestro control. Por eso los estoicos aconsejaban centrarse en lo que controlamos, y dejar que el resto sea como sea.

En los tiempos modernos, llamamos a esto enfoque del proceso: centrarnos en el proceso (que está bajo nuestro control) en lugar de enfocarnos en el resultado deseado (que no está bajo nuestro control). En el tiro con arco, el resultado deseado es dar en la diana, pero no es ahí donde hay que centrarse, porque está fuera de nuestro control. Es más inteligente centrarse en el proceso que nos llevará al resultado deseado. Los estoicos se dieron cuenta de que el proceso afecta al resultado. El proceso tiene que ver con nuestro comportamiento, la práctica y todo lo que nos ayuda a disparar bien.

El éxito, pues, se define por nuestros esfuerzos por hacer todo lo que está a nuestro alcance. Si damos en el blanco o no, si ganamos o perdemos, si bajamos de peso o no, en última instancia no importa. Tenemos éxito o fracasamos en el proceso mismo. Así que el arquero estoico se centra en el proceso (entrenarse y disparar bien); un posible resultado positivo (dar en el blanco) no despertará júbilo, y un posible resultado negativo (fallar el blanco) no despertará desesperación. El arquero estoico tiene éxito en el proceso y está preparado para aceptar cualquier resultado con ecuanimidad y tranquila confianza, sabiendo que se ha esforzado al máximo.

Esta idea de centrarse en el proceso, de centrarse en lo que uno controla, es un gran estímulo para la confianza. Sabes que si te esfuerzas al máximo, tendrás éxito pase lo que pase. Es todo lo que puedes hacer. Si te esfuerzas al máximo en tu trabajo, en tus relaciones y en tu salud, siempre te sentirás seguro y en paz contigo mismo. Esta confianza o tranquilidad radica en saber que has hecho todo lo que estaba en tu mano, porque eso es lo único que controlas. Incluso si las cosas no salen bien, puedes obtener la satisfacción de saber que has hecho todo lo posible. No es necesario justificar los malos resultados, hay demasiados factores incontrolables que influyen en el resultado.

Solo si sabes que no has hecho todo lo que está en tu mano, te sentirás inseguro y tendrás que justificarte. Esa es la oscura brecha entre lo que haces realmente y lo que eres capaz de hacer, como ya he comentado. Los estoicos decían que la ansiedad y la perturbación interior provienen de desear cosas que están fuera de nuestro control. Epicteto, por ejemplo, decía que es una tontería desear que nuestros amigos y parientes vivan para siempre, porque no depende de nosotros. Como ya hemos visto, el origen del sufrimiento emocional proviene de la preocupación por cosas que están fuera de nuestro control. Por eso debemos centrarnos en el proceso; el proceso está totalmente bajo nuestro control. Y si definimos el éxito como dar lo mejor de nosotros mismos en el proceso, entonces no podemos fracasar, nos sentimos tranquilos y podemos aceptar cualquier resultado con ecuanimidad.

Aceptación estoica: Disfruta del viaje o déjate arrastrar

«El sufrimiento es nuestra resistencia psicológica a lo que sucede», explica Dan Millman en *El guerrero pacífico*.[5] Los acontecimientos pueden provocarnos dolor físico, pero el sufrimiento y la perturbación interior solo provienen de la resistencia a lo que es, de la lucha con la realidad. Nos enfadamos con ese conductor que nos ha cortado el paso, estamos descontentos con las notas de los exámenes y nos desesperamos porque el tren llega tarde. Si miramos esas situaciones con objetividad, reconocemos que es inútil luchar contra ellas, porque no podemos cambiar ni deshacer lo que es como es. Sin embargo, luchamos contra la realidad todo el tiempo y queremos que sea diferente. Ese conductor no debería conducir así, mis notas deberían ser mejores, el tren debería llegar a tiempo. «Debemos» tenerlo todo a nuestra manera, como queremos, como esperamos que sea.

---

5. Sirio, Málaga 2017.

Esto es luchar contra los dioses, dice Epicteto, las cosas son como son porque así deben ser. Nuestro dolor emocional emana de confundir las cosas que dependen de nosotros con las que no. Luchar contra la realidad, luchar contra las cosas que no podemos cambiar, nos perturba, nos enfada con el mundo culpando a los demás, resentidos con la vida y odiando a los dioses.

Siempre que deseemos algo que no está en nuestro poder, nuestra tranquilidad y confianza se verán perturbadas; si no conseguimos lo que queremos, nos sentiremos mal, y si conseguimos lo que queremos, experimentaremos ansiedad e inseguridad en el proceso de conseguirlo, ya que nunca podremos estar seguros de que lo conseguiremos. Por lo tanto, debemos centrarnos siempre en lo que depende de nosotros; así no culparemos a los demás, no nos enfadaremos con la vida y seguramente no nos pelearemos con los dioses. De ahí viene gran parte del poder del estoicismo. La interiorización de esta verdad básica de que podemos controlar nuestras acciones pero no sus resultados, nos hace confiar en que hemos dado todo lo que estaba en nuestro poder, y esta confianza nos permite aceptar tranquilamente lo que ocurra.

Concéntrate en lo que controlas y acepta el resto como sucede. El resto no está bajo tu control, por eso los estoicos aconsejan aceptarlo, aunque no sea agradable. Acéptalo primero, y luego intenta sacar lo mejor de ello. Debemos aceptar en lugar de luchar contra cualquier cosa. Si ese tipo te corta el paso, pues que así sea. Si tus notas son malas, pues lo son, podías haberte preparado mejor. Si el tren llega tarde, pues llega tarde. Quizá sea bueno que llegue tarde. ¿Quién sabe? Todo lo que sabes es que el tren aún no ha llegado. Y no pasa nada, porque es otra persona la que conduce el tren.

Los estoicos quieren que cultivemos la aceptación de lo que ocurra, porque la mayoría de los acontecimientos suceden sin que podamos hacer nada al respecto. Puedes tomarlo como viene y tratar de disfrutar, o puedes ser reacio y dejarte arrastrar de todos modos. Hay una metáfora maravillosa que los estoicos utilizan para explicar esto. Imagina un perro atado a un carro en movimiento. La correa es lo suficientemente larga como para dar al perro dos opciones: (1) o bien puede seguir tranquilamente la dirección del carro, sobre el que no tiene ningún control, y al mismo tiempo disfrutar del paseo y contemplar los alrededores, (2) o puede resistirse obstinadamente al carro con toda su fuerza y acabar siendo arrastrado de todos modos durante el resto del paseo.

Al igual que le ocurre a este perro, hay muchas cosas en nuestra vida que no podemos controlar. O bien aceptamos la situación y tratamos de sacar lo mejor de ella, o luchamos contra ella como un bebé testarudo y acabamos llorando y sintiéndonos desgraciados. Es nuestra elección. En palabras de Ryan Holiday: «Molestarse por cosas es asumir erróneamente que durarán [...] Resistirnos al cambio es asumir equivocadamente que tienes otra elección». Por eso debemos tomarnos en serio el consejo de Epicteto: «No pretendas que las cosas ocurran como tú quieres. Desea, más bien, que se produzcan tal como se producen, y serás feliz». Es muy sencillo (aunque no fácil; veremos diferentes ejercicios en la segunda parte).

Suceden cosas que parecen muy desafortunadas, sin duda. Tus seres queridos mueren, una inundación destruye tu casa, pierdes el trabajo o suspendes los exámenes. No puedes deshacer esas situaciones, solo puedes tratar de soportarlas con un espíritu noble, y tratar de hacer lo mejor en cada caso. La filosofía estoica nos enseña a centrarnos en lo que controlamos, a aceptar el resto de cosas como suceden y a intentar sacar lo mejor de ellas. Lo que importa es lo que haces en una situación determinada, y la forma en que lo haces. El resultado, en cambio, está fuera de tu control y no importa mucho.

Ese es el tipo de persona que busca Epicteto: «Encuéntrame un solo hombre que se preocupe por cómo hace lo que hace, y que se interese por la forma de sus propias acciones, no por lo que puede obtener de ellas».

Atención: Aceptar las cosas tal como suceden no tiene nada que ver con la resignación. El hecho de que los estoicos dijeran que muchas cosas no están a nuestro alcance y que debemos aceptar cualquier resultado con ecuanimidad no significa que fueran poco ambiciosos, que se sintieran impotentes o que les gustara rendirse. Al contrario, la resignación va precisamente en contra de lo que los estoicos predicaban y practicaban. Los acontecimientos no son independientes de tus acciones, sino todo lo contrario. Con tus actos voluntarios puedes codirigir las consecuencias. Es muy importante entrenarte e intentar dar en el blanco, pero no depende enteramente de ti si aciertas o fallas.

El argumento de que si amaras la realidad podrías renunciar a todo denota ignorancia y pereza. Es mucho más difícil la aceptación que luchar contra todo lo que sucede. Hacen falta un hombre o una mujer valientes para enfrentarse a la necesidad, y se necesita una mente dura pero humilde para aceptar y afrontar la desgracia. En otras palabras, hace falta un guerrero-filósofo. Porque un guerrero asume todo como un reto para llegar a ser lo mejor posible, mientras que una persona corriente se lo toma todo como una bendición o una maldición.

El hecho de que debamos intentar aceptar lo que ocurre no significa que lo aprobemos. Solo significa comprender que no podemos cambiarlo. Y, por tanto, la mejor opción es aceptarlo y, a partir de esta aceptación, intentar sacar lo mejor de ello. «Nadie quiere que sus hijos enfermen, nadie quiere tener un accidente de coche; pero cuando estas cosas suceden, ¿sirve de algo discutir mentalmente con ellas?» Así lo expresa Byron Katie en su libro *Amar lo que es*.[6] Claro que las cosas a veces son terribles, pero no ayuda luchar contra ellas, ni tampoco rendirse y sentirse impotente. Lo que los estoicos dicen es que verlas como un reto, como un bloque de mármol que podemos esculpir para expresar lo mejor de nosotros mismos y, en última instancia, hacernos más fuertes, es lo que nos ayuda.

Los estoicos no se resignaban, sino que se comprometían a actuar adecuadamente en la vida. Marco Aurelio fue el líder militar y político más poderoso de su época y dirigió sus ejércitos en innumerables batallas para proteger el Imperio Romano. Era lo suficientemente sabio como para conocer la diferencia entre lo que le correspondía y lo que no, lo suficientemente valiente como para concentrarse en sus capacidades y actuar, y lo suficientemente tranquilo como para aceptar con ecuanimidad lo que se le

---

6. Books 4 Pocket, Barcelona 2012.

escapaba de las manos sin que afectara a su bienestar (ver la *Oración de la serenidad* en la página 88).

Lo bueno, lo malo y lo indiferente

«Entre las cosas existentes, unas son bienes, otras males y otras indiferentes.» Epicteto y los estoicos no solo diferenciaban entre lo que depende de nosotros y lo que no, sino también entre los bienes, los males y lo indiferente. Fundamentalmente, solo las cosas que dependen de nosotros pueden ser buenas o malas, y todas las que no dependen de nosotros se clasifican como indiferentes. Por eso el arquero estoico se toma cualquier resultado con ecuanimidad, porque no depende de él y, por tanto, es en última instancia indiferente. Sin embargo, los estoicos utilizaban una distinción más fina que definía el hecho de dar en el blanco (o en la manzana) como la indiferencia preferente. Si el resultado fuera completamente indiferente, ¿por qué te ibas a tomar la molestia de intentar dar en el blanco? Antes de examinar más de cerca esta diferencia, veamos qué incluyen las cosas buenas, malas e indiferentes:

- **Cosas buenas:** Todo lo que es virtud; sabiduría, justicia, valor, autodisciplina.
- **Cosas malas:** Todo lo que es vicio; locura, injusticia, cobardía, intemperancia.
- **Las cosas indiferentes:** Todo lo demás; la vida y la muerte, la salud y la enfermedad, la riqueza y la pobreza, el placer y el dolor, la reputación y la mala fama.

Lo bueno y lo malo solo se encuentra en tu comportamiento. Expresar tu yo más elevado, como se ha visto anteriormente, es suficiente para que la vida sea feliz y fluya sin problemas. Porque es todo lo que está a tu alcance. Nuestras acciones importan mucho, y el desarrollo del carácter es lo único que cuenta para tener una buena vida. No necesitamos nada externo. Lo mismo ocurre con una vida infeliz: proviene de un comportamiento vicioso, sin importar las circunstancias externas. El único bien, por tanto, es vivir de acuerdo con la naturaleza, realizar nuestro potencial natural y, por tanto, vivir según las virtudes de la sabiduría, la justicia, el valor y la autodisciplina. El resultado de nuestro comportamiento virtuoso, sin embargo, depende del destino, está más allá de nuestro control directo, y por lo tanto no es ni bueno ni malo, sino indiferente. Si las cosas que no están bajo nuestro control pudieran ser buenas o malas, estaríamos destinados a sufrir por nuestra incapacidad de hacer algo al respecto. Todo el bien debe proceder necesariamente de nosotros mismos.

Las cosas indiferentes suelen resumirse en salud, riqueza y reputación; pero básicamente, todo lo externo, todo lo que no depende de nosotros, se clasifica como indiferente. Por «indiferente», los estoicos quieren decir que esos acontecimientos son neutros y no pueden ayudar ni perjudicar nuestro florecimiento como seres humanos, no son importantes para tener una vida feliz y fluida. Si necesitáramos esas cosas externas para tener una buena vida sería muy desmoralizador para quienes carecen de ellas. Por lo tanto, debemos aprender a ser indiferentes hacia las cosas indiferentes y, como dije antes, aceptar las cosas tal y como suceden en lugar de luchar contra ellas. Recuerda que el arquero estoico está dispuesto a aceptar cualquier consecuencia con ecuanimidad, porque está fuera de su control.

El término indiferencia, sin embargo, es un poco engañoso, ya que indica que estas cosas no tienen ningún valor. No es así. Aunque estas cosas externas no son imprescindibles para tener una buena vida, algunas son preferibles a otras. Tiene sentido querer estar sano en lugar de enfermo, ser rico en lugar de pobre y guapo en lugar de feo. También está claro que Guillermo Tell prefirió disparar a la manzana en lugar de a su hijo. A esto se le llama indiferencia preferente. Si pudiéramos elegir, siempre tomaríamos las mejores opciones. Y esto también es así para los estoicos: buscan esa mejor opción, pero lo hacen de forma indiferente. Preferirían tenerla, pero no pasa nada si no la tienen. Y la prioridad más alta sigue siendo vivir con areté, por lo que solo buscan esas indiferencias preferentes mientras no interfieran con la expresión de su mejor versión.

La amistad es la indiferencia preferente más importante para los estoicos. Nuestra naturaleza humana no es solo racional sino también social y, por tanto, nos sentimos naturalmente atraídos por otras personas. Y una buena persona siempre muestra amor, bondad, justicia y preocupación por sus semejantes, tanto por sus hermanos como por vecinos y extraños. Tener amigos sabios y buenos es la cosa externa más preciosa del mundo.

Como escribe Séneca, el hombre sabio «desea tener amigos, vecinos y socios, por mucho que se baste a sí mismo». Somos capaces de vivir una vida feliz sin amigos, pero preferimos no hacerlo.

Sin embargo, a diferencia de lo que ocurre en las películas de Hollywood, los estoicos nunca valorarían más el amor que la integridad moral. Cuando la virtud está en juego, todo lo demás va por detrás. «El amor lo conquista todo» puede ser romántico y ser un buen argumento para una película, pero es precisamente lo contrario de la prioridad estoica: ni siquiera el amor debe negociarse si el precio es comprometer tu carácter. Así que sigue adelante y busca la amistad, siempre que no tengas que romper con la virtud. Es mejor soportar la soledad, la enfermedad y la pobreza de forma honorable que buscar la amistad, la salud y la riqueza de forma vergonzosa. La persona buena siempre perseguirá la virtud y evitará el vicio a toda costa.

Es simplemente maravilloso cómo lo explica Séneca: «Las personas buenas harán lo que les parezca honrado aunque requiera un trabajo duro; lo harán aunque les cause daño; lo harán aunque les resulte peligroso. De nuevo, no harán lo que encuentran vil, aunque les traiga riqueza, placer o poder. Nada los disuadirá de lo que es honrado, y nada los atraerá a lo que es vil».

En el póker, como en la vida, se puede ganar con cualquier mano

El póker explica maravillosamente esta idea de las cosas buenas, las malas y las indiferentes. Las manos que se reparten son diferentes circunstancias externas y situaciones de la vida: tu televisor de pantalla plana, tu malvado jefe, lá enfermedad de tu mujer, las malas notas de tu hijo y tu alentador mejor amigo. Estas son las distintas manos que te han tocado y con las que tienes que jugar. Las manos se reparten por azar; no puedes decir nada sobre lo que te toca. Así que las cartas no importan, son neutrales, indiferentes. Lo que importa es lo bien que las juegues.

En el póker, como en la vida, puedes ganar con cualquier mano. Seguro que prefieres un doble as y una esposa sana, pero eso no depende de ti. Lo que depende de ti es lo que haces con la situación dada. Una vez repartidas las cartas, no tienes más remedio que aceptar lo que es demasiado tarde para cambiar, y ya no deseas una mano más favorable, sino la fuerza para jugarla lo mejor que puedas.

El sello de un jugador admirable, por tanto, es que juega lo mejor posible independientemente de sus cartas y que acepta tranquilamente lo que le salga. Es todo lo que puede hacer: dar lo mejor de sí mismo con las cartas que le han tocado. Al final, no ganará el jugador con las mejores cartas, sino el que mejor juegue sus cartas a lo largo de la partida, o a lo largo de toda la vida.

La mejor mano (salud, riqueza y fama) no puede por sí sola ayudar a una persona insensata e injusta a alcanzar la buena vida. Y la peor mano (enfermedad, pobreza y mala reputación) tampoco puede perjudicar el bienestar de la persona virtuosa. En una balanza, la virtud y el buen carácter siempre superarán a la salud, la riqueza y la reputación. Ninguna abundancia de bienes externos estará nunca a la altura del carácter de una persona. Algunos bienes externos pueden ser preferibles a otros, pero, en última instancia, son indiferentes; lo único que importa para la buena vida es cómo los administramos.

Para una persona buena, perder todo su patrimonio es lo mismo que perder un céntimo, y estar enfermo no es peor que haber tropezado, según dijo supuestamente el antiguo estoico Crisipo. Séneca expresó con elocuencia algo similar: «La vida no es buena ni mala; es el espacio para lo bueno y para lo malo». La vida y todas sus diversas situaciones pueden ser utilizadas sabia o tontamente, son nuestras acciones las que las hacen buenas o malas. Eso es importante. Aunque las cosas externas son indiferentes, la forma en que las manejamos no lo es. Es precisamente la forma de utilizar las cosas indiferentes lo que hace que la vida sea feliz o infeliz.

3. Asume la responsabilidad: Obtén lo bueno de ti mismo

«Si quieres algo bueno, búscalo en ti mismo.»

EPICTETO

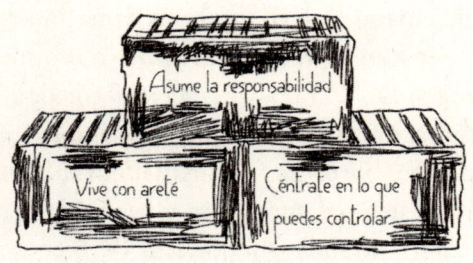

El último ángulo del Triángulo Estoico de la Felicidad se construye sobre los otros dos; ellos hacen posible este tercer ángulo. El primer principio hace que vivir con areté, o expresar tu yo más elevado, sea el bien supremo, mientras que el segundo nos dice que las circunstancias externas no son importantes para la buena vida porque no están bajo nuestro control. Eso significa que la areté por sí sola es suficiente para la buena vida y, como está bajo nuestro control, nos hace responsables de nuestro propio crecimiento.

Este es «el aspecto más duro y atractivo del estoicismo», como dice Donald Robertson, porque esta responsabilidad nos priva de cualquier excusa para no alcanzar la vida feliz y fluida a la que todos aspiramos. Somos los únicos que podemos evitar cultivar un comportamiento virtuoso, somos los únicos que nos impedimos vivir la buena vida.

Vivir con areté está bajo nuestro control
+ las cosas que están fuera de nuestro control no son relevantes para tener una vida feliz
= vivir con areté está bajo nuestro control y es suficiente para tener una vida feliz.
Esto hace que seamos responsables de nuestra propia vida feliz.

Desenredemos esto un poco más. El objetivo final es la eudaimonía, una vida feliz y fluida. Para alcanzar este objetivo, los estoicos definieron otra meta: vivir con areté o vivir de acuerdo con la naturaleza. La naturaleza humana se basa en aplicar la razón a nuestras intenciones y acciones. Por tanto, el objetivo de vivir con areté consiste en aplicar la razón a nuestras acciones y tratar de expresar siempre nuestra versión más elevada de nosotros mismos.

En términos modernos, se trata de un objetivo de progreso. Los estoicos no se centraban en el resultado futuro (una vida feliz), sino en el proceso del momento presente (vivir con areté) que debería conducir en última instancia al resultado deseado. Este enfoque en el proceso es lo que nos hace, como aspirantes a estoicos, responsables de nuestro propio crecimiento, porque tenemos el control de ese proceso. Mientras que el resultado puede ser impedido por eventos externos, el proceso y nuestras intenciones se completan en el momento presente y no pueden ser impedidas por nada fuera de nuestro control.

Como dice Séneca: «el sabio considera en toda ocasión lo que emprende, y no lo que sobrevendrá. Somos dueños de nuestros intentos; la fortuna ordena los resultados, y a la verdad, jamás me someteré a sus juicios».

El estoicismo nos enseña que somos responsables de nuestra propia felicidad y de nuestra infelicidad. También nos dice que asumir esta responsabilidad mejorará nuestras posibilidades de alcanzar la eudaimonía. La mentalidad de víctima (culpar a las circunstancias externas de nuestra infelicidad), por otro lado, hará que la vida feliz sea una meta imposible de alcanzar.

Debemos negarnos a que las cartas que nos tocan decidan nuestro bienestar. Los estoicos dicen que los acontecimientos externos y las otras personas pueden tener el poder de afectar a cómo se vive e incluso si se vive, pero no tienen el poder de arruinar nuestras vidas. Solo tú mismo puedes arruinar tu vida al dejarte llevar por cosas que no controlas y al no actuar todo lo bien que eres capaz de hacerlo.

Debemos asegurarnos de que nuestra felicidad depende lo menos posible de las circunstancias externas. La conexión entre lo que nos ocurre y lo felices que somos debe ser muy pequeña. Esto es posible centrándonos en lo que controlamos y tratando de hacer lo mejor con las circunstancias dadas. Y también deseando solo lo que está a nuestro alcance, porque, como ya sabemos, desear lo que no está a nuestro alcance es la causa fundamental del sufrimiento emocional.

«Nunca es posible que coincidan felicidad y deseo de lo ausente. Pues la felicidad debe apartarse de todo lo que apetece y parecerse a alguien saciado. No ha de estar unida a la sed ni al hambre.» Lo que Epicteto describe aquí es exactamente lo que hoy llamamos «felicidad condicional»: vincular la felicidad a algún acontecimiento futuro. Seré feliz cuando apruebe los exámenes. Seré feliz cuando me compre el nuevo Porsche 911. Seré feliz cuando tenga un sueldo de seis cifras. Es como el horizonte: puedes caminar kilómetros y kilómetros pero nunca lo alcanzarás. Podemos seguir deseando cosas que no tenemos o podemos ser felices de verdad. No podemos tener ambas cosas. La verdadera felicidad se da cuando tienes todo lo que deseas.

«Lo exterior no depende de mí, el albedrío depende de mí. ¿Dónde buscaré el bien y el mal? En lo interior, en mis cosas. Pero no califiques nunca las cosas ajenas de "bien" ni de "mal".» Epicteto nos recuerda aquí que debemos buscar el bien dentro de nosotros mismos. A menudo utiliza este sencillo mensaje: «Si quieres algo bueno, debes obtenerlo de ti mismo». Debemos buscar la felicidad dentro de nosotros mismos, no en las cosas externas; no están bajo nuestro control, no son ni buenas ni malas, sino indiferentes.

La naturaleza nos ha dotado de las herramientas necesarias para crear una vida satisfactoria y feliz sin importar las dificultades a las que nos enfrentemos en la vida. Por eso, si queremos estar satisfechos, debemos cambiar nosotros mismos y nuestros deseos. No podemos cambiar las cosas que suceden en el mundo que nos rodea, solo podemos cambiar nuestra forma de mirar esas cosas y lo que elegimos hacer con ellas.

Cambiar los acontecimientos externos es imposible.

Cambiar tu visión sobre esos acontecimientos es posible.

Entonces, ¿por qué no intentar cambiar lo que es posible?

La libertad de elegir

«Tus tres componentes: cuerpo, aliento y mente», nos recuerda Marco Aurelio. «Dos son tuyos en confianza; solo del tercero tienes un claro título.» Solo la mente es verdaderamente tuya. Solo la mente está dentro del círculo de control estoico. Todo lo demás no está o está solo parcialmente dentro de nuestro control.

Como ya hemos dicho, nuestras acciones están bajo nuestro control, pero no sus consecuencias. Afortunadamente, dice Epicteto, los dioses hicieron que dependiese solo de nosotros lo más poderoso de todo [nuestra capacidad de utilizar la razón] y que dominaba lo demás: «el uso correcto de las representaciones; mientras que lo demás no depende de nosotros». Aunque «solo» se nos dé el control sobre nuestra mente, esto nos da mucho poder: la capacidad de interpretar los eventos externos a nosotros. El juicio, entonces, se convierte en el corazón de nuestro ser de criaturas racionales, y en la fuente de nuestra libertad.

No controlamos lo que ocurre en el mundo que nos rodea, pero sí tenemos el poder de controlar nuestras opiniones sobre estos acontecimientos. «No podemos elegir nuestras circunstancias externas, pero siempre podemos elegir cómo respondemos a ellas», nos dice Epicteto. Debemos darnos cuenta de que los acontecimientos externos son neutrales, y solo la forma en que elegimos reaccionar ante ellos los hace buenos o malos.

O bien somos víctimas de nuestras circunstancias y nos dejamos llevar como el muñeco de vudú, o bien elegimos ser responsables de cómo manejamos las circunstancias y nos aseguramos de no dejarnos llevar por ellas. Ser una víctima indefensa nunca es útil. Por otro lado, asumir la responsabilidad nos da el poder de hacer lo mejor con las circunstancias dadas.

Así pues, todo acontecimiento exterior ofrece un ámbito de control propio, es decir, lo que hacemos con ese acontecimiento. Se trata de un control verdadero y justo que se deriva de nuestra capacidad de juzgar los acontecimientos como nosotros decidamos. Poder elegir significa que tenemos una opción, y tener una opción significa libertad. Llamemos a esto «la libertad de elección», inspirada en Viktor Frankl, que en su libro *El hombre en busca de sentido*[7] dice: «Al hombre se le puede arrebatar todo salvo una cosa: la última de las libertades humanas —la elección de la actitud personal que debe adoptar frente al destino para decidir su propio camino».

Estímulo ————— Automático/Inconsciente ————→ Respuesta
                Libertad de elección

Ocurre algo (estímulo) y después reaccionamos a ello (respuesta). A menudo, esta respuesta se produce de forma automática, inconsciente y sin pensar. Podemos observar fácilmente este comportamiento en otras personas: ocurre algo y reaccionan impulsivamente. En los niños es aún más evidente. Digamos que un niño pequeño está jugando con su brontosaurio Bronty, y tú vas y se lo quitas. ¿Qué ocurre? Hay muchas posibilidades de que el niño empiece a llorar inmediatamente. Él no piensa en su reacción, ésta aparece automáticamente. Tal vez te mire con incredulidad antes de empezar a reír. ¿Quién sabe? Los niños pequeños no tienen el poder de elegir una respuesta. Pero para ti y para mí, es diferente. Potencialmente, hay una pequeña brecha entre el estímulo y la respuesta. El poder reside en esa brecha. La libertad de elección se encuentra en esa brecha.

La brecha significa que tenemos la oportunidad de interponernos entre el estímulo y la respuesta y elegir volun-

---

7. Herder, Barcelona 2021.

tariamente nuestra reacción (o no reacción). La brecha es solo potencial porque, si no somos lo suficientemente conscientes, no habrá brecha y, por defecto o automáticamente, seguiremos sin pensar la respuesta. La conciencia, el *mindfulness* o la «atención», como la llaman los estoicos, es necesaria para poder interponerse entre el estímulo y la respuesta. Dependiendo de tu conciencia, la brecha será más grande, más pequeña o inexistente.

La cuestión es que, cuando te ocurra algo (romper un vaso, pisar una caca de perro o que un desconocido te enseñe el dedo corazón), podrías entrar en la brecha antes de reaccionar automáticamente. Una vez que estés en la brecha, puedes pensar en tus opciones y elegir tu mejor reacción. La mayoría de las personas reaccionan con su respuesta por defecto y solo más tarde (o nunca) se dan cuenta de que su reacción fue inapropiada.

Cuando uno pisa una caca de perro, es probable que automáticamente tenga alguna reacción. Algo dentro de ti decide que la situación es horrible; a continuación tienes sentimientos de ira, asco y pánico, acompañados de palabrotas y movimientos corporales agitados. Aunque realmente no sea para tanto, lo que ocurre es que te ves afectado por un acontecimiento exterior que no puedes cambiar. Dejas que una circunstancia externa determine cómo te sientes. Si siempre reaccionamos por defecto, siempre dependeremos de lo que ocurra a nuestro alrededor; pisar caca de perro nos hace sentir mal, pisar un billete de diez euros nos hace felices. Estamos a merced de la situación: si nuestra reacción por defecto a esa situación es positiva, entonces «hurra», si no, «buaaa». Es como volver a tirar el muñeco de vudú a la calle. Afortunadamente, no tiene por qué ser así.

Los estoicos sostienen que puedes interponerte entre lo que ocurre (la caca de perro) y tu reacción (la ira y las palabrotas). La idea es elegir la mejor respuesta virtuosa en lugar de optar por la predeterminada. Para ello, tienes que ser capaz de detectar tu sentimiento automático (el asco) en primer lugar. Si quieres entrar en la brecha y elegir tu respuesta, necesitas tener conciencia para detectar la primera impresión que surge en forma de pensamientos y/o emociones. Cuando seas consciente de esta primera impresión, puedes dar un paso atrás y preguntarte si es correcto o no continuar con esta sensación. Puedes considerar este primer pensamiento como una mera hipótesis que se puede debatir antes de examinarla racionalmente.

Básicamente, contienes la aprobación de esa impresión y evitas comportarte de forma precipitada, impulsiva y automática. Esto es inmensamente poderoso y te permite pensar antes de actuar. Te da el poder de elegir la mejor reacción posible, y lo que ocurre en el mundo que te rodea deja de ser tan importante. Te da la clave de tu comportamiento ideal, ya que puedes elegir actuar de forma sabia, serena y conciliadora: sonreír, limpiarte el zapato y seguir adelante con tu vida.

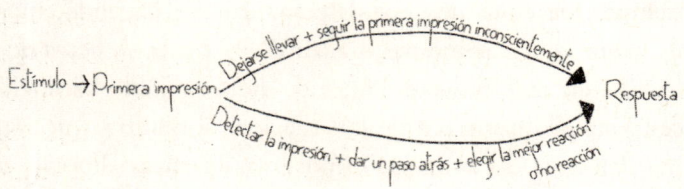

Estímulo → Primera impresión

Dejarse llevar + seguir la primera impresión inconscientemente

Detectar la impresión + dar un paso atrás + elegir la mejor reacción o no reacción

Respuesta

La libertad de elección o, como la llaman los estoicos, la elección razonada, en realidad consiste en elegir activamente nuestra respuesta en lugar de actuar reactivamente con la respuesta por defecto. Para poder hacerlo, necesitamos tomar conciencia de la situación para poder detectar nuestra primera impresión y evitar dejarnos llevar por ella y responder reactivamente. La respuesta reactiva podría ser un comportamiento poco virtuoso y causar otras emociones insanas como la ira, el miedo o el deseo. En cambio, si somos capaces de dar un paso atrás con la impresión inicial, podemos evaluar esa impresión de forma racional, ver otras respuestas posibles y luego elegir nuestra mejor reacción o no reacción (a veces es mejor no reaccionar). De este modo, responderemos como queramos, con suerte de forma virtuosa.

Tu mente te hace rico, incluso en el exilio

¿Cómo reaccionaban los estoicos ante la adversidad? Tres de nuestros cuatro protagonistas vivieron en el exilio al menos una vez. Se lo tomaron de manera ejemplarmente estoica. Séneca dijo: «Es el alma quien nos hace ricos; ella nos sigue al exilio y, en medio de las soledades más ásperas, cuando encuentra cuanto es bastante para sostener al cuerpo, ella misma abunda y disfruta de sus propios bienes». Musonio Rufo, que fue exiliado al peor de los lugares, Gyaros, dijo que el exilio le había privado de su tierra, pero no de su capacidad para soportarlo. Incluso dijo que el exilio no priva a una persona de nada de valor: la virtud no nos puede ser arrebatada. El exilio no impide ser valiente y justo. Debemos tener en cuenta que la felicidad depende más de lo que hagamos con los acontecimientos que de estos últimos. No importa lo que te ocurra, tu alma siempre estará disponible para transformarlo en buena suerte actuando de forma virtuosa.

El sabio estoico, y al parecer también los principales filósofos, son absolutamente libres, incluso en el exilio. Porque su libertad consiste en seguir su naturaleza razonable, que es centrarse en lo que se controla, aceptar el resto tal como es y responder con virtud. Cada obstáculo se convierte en una oportunidad para practicar la sabiduría, la valentía, la justicia y la autodisciplina. El estoico ideal solo quiere responder a lo que sucede en armonía con la razón y su yo más elevado, y nada puede impedirle hacerlo. Solo desea lo que está bajo su control, y por eso sigue siendo libre, incluso en el exilio o la prisión.

El estoicismo te desafía a cambiarte a ti mismo cuando no puedas cambiar la situación. Incluso si no puedes cambiar la situación, tienes el poder de cambiar tu actitud al respecto y actuar con virtud. No importa dónde estés (en la cárcel o en un palacio) ni el reto al que te enfrentes (caca de perro o un billete de 10 euros), tu libertad de elección siempre estará disponible; solo tienes que detectar tu primera impresión, evitar cagarte en todo, dar un paso atrás, evaluar la situación y elegir tu respuesta más sabia. Los acontecimientos externos no son lo que importa, sino lo que tú eliges hacer con ellos.

Debemos reconocer que somos capaces de elegir cómo responder a las situaciones. Viktor Frankl, la leyenda que ideó la libertad de elección, pasó por las experiencias más brutales que podamos imaginar. Perdió a toda su familia y casi no sobrevive a los horrores de los campos de concentración nazis de la Segunda Guerra Mundial. A pesar de esos horrores, pudo elegir qué actitud tomar y optó por no ceder ante aquella terrible situación. Seguro que todos hemos experimentado muchas cosas malas en nuestra vida, pero desde luego no tan bárbaras como perder a toda nuestra familia y pasar por campos de concentración. La cuestión es que si Frankl pudo elegir qué actitud tomar en medio de un terror indescriptible, nosotros también deberíamos poder elegir nuestras respuestas. (Hablando de Viktor Frankl, si aún no lo has hecho, asegúrate de leer su libro *El hombre en busca de sentido*).

La atención: Aunque los filósofos estoicos dicen que podemos interponernos entre el estímulo y la respuesta, admiten que hay reacciones automáticas que no controlamos. Se trata de reacciones emocionales de tipo reflejo ante algunos estímulos, como el rubor, el sudor, la tensión, las lágrimas o el sobresalto. No tenemos más remedio que aceptar estas reacciones corporales automáticas. Un ruido repentino puede sobresaltarte sin que puedas hacer nada al respecto. Sin embargo, si tomamos suficiente conciencia de la situación, podemos detectar el estímulo, dar un paso atrás y evitar dejarnos llevar por él. Aunque no controles estas reacciones reflejas automáticas, tienes el poder de controlar lo que pasa después: responder al estímulo o dar un paso atrás, evaluar la situación y elegir una respuesta coherente con tus valores.

Perturbado o invencible: Depende de ti

«Los hombres no se perturban por las cosas, sino por la opinión que tienen de éstas.» Las palabras de Epicteto son un importante resumen de lo que acabamos de aprender: los acontecimientos externos no están bajo nuestro control, pero existe un área que sí controlamos; tenemos el poder de elegir lo que estos acontecimientos significan para nosotros, y son nuestras elecciones las que importan, no los acontecimientos. Los acontecimientos externos básicamente no tienen ningún significado, son nuestros juicios y cómo los percibimos lo que les da significado y los hace parecer buenos o malos.

(Por cierto, esto no es nada fácil de hacer si actuamos de forma impulsiva y, por tanto, sin dar sentido a los acontecimientos porque creemos que ellos son la causa de nuestra infelicidad. En cuanto mejoremos la capacidad de alejarnos de nuestras primeras impresiones, veremos que lo que nos molesta es nuestro propio juicio sobre la situación).

La primera lección, por tanto, es no culpar nunca a otras personas o a los acontecimientos externos de las emociones negativas que sentimos. Asumir la responsabilidad. Para los estoicos, está claro que no son los acontecimientos, sino nuestras opiniones sobre estos, la causa de una mente perturbada. Esto puede manifestarse en forma de sufrimiento e infelicidad y surge cuando nos creemos las historias que nos contamos a nosotros mismos. Un estímulo llega en forma de pensamiento a nuestra cabeza y lo aceptamos como la verdad. «Estoy en el exilio, esto es terrible.» La situación en sí (el exilio) no nos hace infelices;

puede causar dolor físico en ciertas situaciones, pero es la historia que nos contamos sobre la situación («es terrible») la que causa el problema. Tus juicios en forma de pensamientos, opiniones e interpretaciones te hacen infeliz. Lo bueno o lo malo solo se encuentra en tus juicios y tus acciones, no en los acontecimientos externos.

La perturbación mental es consecuencia de juzgar un acontecimiento como indeseable o malo, a menudo expresándolo en forma de queja. Damos valor a un acontecimiento juzgándolo como terrible, por ejemplo, y olvidamos que el acontecimiento en sí no es ni bueno ni malo; está vacío y no tiene ningún significado. Le damos un significado juzgando, ofendiéndonos y queriendo que sea diferente. Esto causa sufrimiento emocional. Si podemos dejarlo ser como es, si somos capaces de no juzgarlo bueno o malo, sino de aceptarlo como es (neutro, indiferente), no tendremos una mente perturbada. Estamos libres de sufrimiento, dice Epicteto, si no nos preocupamos por las cosas que no están en nuestro poder.

- *¡Vaya, qué torpe soy!* Vs. *El vaso está roto.*
- *¡Hoy es el peor día de mi vida!* Vs. *Hay caca de perro en la suela de mi zapato. Huele mal.*
- *¡Ah, qué idiota! Odio a ese tipo.* Vs. *Me ha enseñado su dedo medio.*

Los acontecimientos en sí mismos no tienen ningún significado. Son nuestros juicios los que los hacen buenos o malos. Me gusta lo que dice Ellie Goulding en su canción *First Time*: «El dedo corazón era nuestra señal de paz». Cuando lo ves de esta manera, el «¡Ah, qué idiota!»

puede transformarse fácilmente en una sonrisa y en un «¡Oh, qué encanto!». El mismo hecho puede interpretarse de muchas maneras diferentes y despertar sentimientos totalmente opuestos.

Mira, sé que no eres estúpido y que sabes muy bien lo que la otra persona quiere decirte; la cuestión es que no importa lo que quiere decirte, lo que importa es lo que tú sacas de ello. Así que, aunque parezca (o sea evidente) que alguien intenta insultarte, es tu opinión lo que te provoca. Nadie puede perjudicarte a menos que lo permitas, porque la otra persona no tiene acceso a tu mente. «Pues, en otro caso, la maldad del vecino iba a ser ciertamente mal mío, cosa que no estimó oportuna Dios, a fin de que no dependiera de otro el hacerme desdichado», dice Marco Aurelio. Solo tú mismo tienes acceso a tu mente, y solo tú puedes arruinar tu vida. Tú eres el responsable.

Nadie puede frustrarte, las cacas de perro no pueden deprimirte: son acontecimientos externos que no tienen acceso a tu mente. Esas emociones que sientes, por muy reales que sean, no vienen del exterior, sino del interior. Tú generas esas emociones, tú generas tu dolor. Un vaso roto es un vaso roto. Es tu opinión («¡Oh, qué torpe soy») lo que hace que te sientas como un perdedor. No culpes al suceso, culpa a tu yo reactivo por sentirte como te sientes. La causa está en tu juicio. «Elimina, pues, y sea tu propósito desprenderte del juicio, como si se tratara de algo terrible, y se acabó la cólera», dice Marco Aurelio. No juzgues el acontecimiento y no saldrás perjudicado. Tu reacción, pues, muestra básicamente si te sientes herido o no. Cuando rompes un vaso, tienes dos opciones: salir herido o no salir herido.

«*¡Oh, qué torpe soy!*» + empezar a llorar y sentirse desgraciado

= reacción fuerte, salir herido.

«*¡Uy!*» + limpiar y seguir con tu vida

= no hay reacción, no te haces daño.

Esto te da mucho poder, porque significa que no puedes alterarte por nada que esté fuera de tu control. Solo tu juicio puede perjudicarte. Independientemente de los retos incontrolables a los que te enfrentes en la vida, tú tienes el poder de decidir lo que estos acontecimientos significan para ti, solo tú tienes la libertad de elegir tu mejor reacción. Tu reacción te proporcionará placer o te perjudicará.

Por eso Epicteto aconseja tener siempre a mano dos reglas: (1) no hay nada bueno o malo a menos que decidamos que así sea, y (2) no debemos intentar dirigir los acontecimientos, sino seguirlos. Resistirse es inútil, toma las cosas como vienen y haz lo que puedas hacer lo mejor posible.

4

El villano: Las emociones negativas se interponen en el camino

«Lo mejor es rechazar desde luego los primeros impulsos de la ira, sofocarla en su raíz y procurar no caer en su dominio. Porque si le presentamos el lado débil, es difícil librarse de ella por la retirada, porque es cierto que no queda ya razón cuando damos entrada a la pasión permitiéndole algún derecho por nuestra propia voluntad. La pasión hará en seguida cuanto quiera, no limitándose a aquello que se le permita. Ante todo, repito, debe arrojarse al enemigo desde la plaza; cuando ha penetrado, cuando ha forzado las puertas, no recibe ya la ley del vencido.»

SÉNECA

La felicidad parece bastante factible, ¿verdad? Para los estoicos, solo consiste en cómo respondemos a los acontecimientos y qué hacemos con ellos. Alinear nuestras acciones con la virtud es suficiente (pero también necesario) para una vida feliz y fluida. Entonces, ¿qué ocurre? ¿Por qué no lo conseguimos simplemente chasqueando los dedos?

La vida se interpone. La realidad se erige frente a nosotros; nos pilla por sorpresa, nos abruma, nos provoca miedo, inseguridad, ira y pena, y nos hace querer huir y escondernos. Las cosas son más duras de lo que pensábamos, y suceden de forma diferente a lo que esperábamos y deseábamos, y nos cuesta lidiar con ellas de forma efectiva, o incluso aceptarlas tal como son. Pero, ¡espera! El estoicismo nos enseña que los acontecimientos externos no importan y que debemos obtener todo bien de nosotros mismos. La vida se interpone solo aparentemente; en realidad, son nuestras emociones negativas las que se interponen. Estas emociones intensas conquistan nuestra mente, todo nuestro ser, nos hacen imposible pensar con claridad y nos impulsan a hacer lo contrario de lo que creemos que es correcto.

Cuando la mente es capturada por las emociones negativas, o pasiones, como las llaman los estoicos, como el miedo irracional, la pena, la ira o la codicia, estas pasiones toman el control y reaccionamos impulsivamente sin poder reflexionar. Como dice Séneca en las primeras líneas de este capítulo, cuando el enemigo entra en la mente, la razón desaparece. Es una cosa o la otra, la razón o la pasión; cuando la pasión está al volante, la razón está atada y amordazada en el maletero.

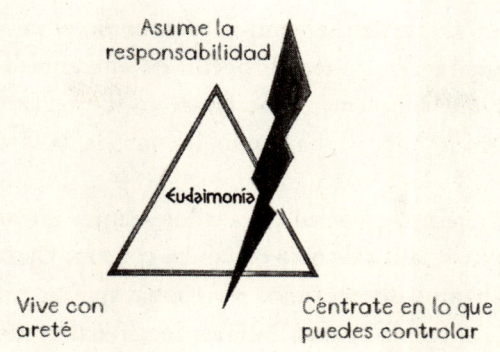

Asume la responsabilidad

Eudaimonía

Vive con areté

Céntrate en lo que puedes controlar

Las emociones negativas son desagradables por naturaleza; pensemos en la pena, el miedo, los celos o los grandes deseos. Así que con la emoción en el asiento del conductor, y con algo desgradable en nuestro interior, nuestra prioridad número uno (inconscientemente) se convierte en estar mejor, y automáticamente buscamos aliviar nuestro dolor. La emoción negativa nos ordena hacer lo que nos hace sentir mejor y aliviar el dolor en el momento presente, sin tener en cuenta nuestros valores y objetivos a largo plazo. Acabamos dejando de lado nuestros valores más profundos y, en su lugar, nos alejamos cobardemente, pedimos pizza y tiramisú, nos damos un atracón de películas de Marvel, rompemos puertas y vasos, les gritamos a nuestros hijos y nos compramos esos zapatos negros de tacón que no necesitamos.

Las emociones negativas pueden adoptar innumerables formas. Pueden engullirnos por completo, como la ira intensa, que crea una repentina visión de túnel que no nos permite nada más que actuar. Pueden ser mucho más tranquilas, como la pena excesiva, que puede llenarnos de autocompasión, pensamientos depresivos y una completa inacción. O pueden ser muy sutiles, como el «no tener ganas de nada», que puede provenir de diferentes emociones y hacer que simplemente no hagamos lo que sabemos que deberíamos hacer (¿has oído hablar de la procrastinación?).

Por ejemplo, cuando era adolescente, un amigo mío recibió una paliza de otro chico del colegio. Otros chicos y yo estábamos observando, y yo sabía que lo correcto era ayudar, pero algo en mi interior me frenaba; no tenía ganas de ayudar, tenía miedo. La emoción ganó. O todas las veces que vi a alguna chica guapa en un bar y quise saludarla, pero al mismo tiempo no me atrevía. Tenía miedo. La emoción ganaba la mayoría de las veces. Por supuesto, tenía grandes excusas: en realidad no era tan guapa, no estaba de humor, yo había ido allí para pasar un rato con los chicos, etc.

No importa realmente qué emociones se interpongan en el camino: para mí, en muchos casos, es el miedo (estoy trabajando en ello), para ti puede ser la ira, la codicia, el resentimiento o el orgullo. El problema con estas emociones no es que existan, sino que nos abruman de manera que acabamos haciendo lo contrario de lo que deberíamos hacer. Y, como ya hemos aprendido, nuestras acciones racionales son la base de nuestra felicidad, por lo que no podemos vivir una vida feliz cuando dejamos que los grandes trastornos emocionales dicten nuestras acciones. Los estoicos creían que tales pasiones son tóxicas para la buena vida y causan la desgracia de muchas personas. La mayoría de nosotros estamos esclavizados por estas emociones; con demasiada frecuencia actuamos según nuestras emociones en lugar de nuestros valores.

Así que los estoicos quieren que superemos estos miedos y deseos irracionales, para que seamos capaces de actuar de acuerdo con la virtud y alcanzar la verdadera felicidad. Además, muchas veces, estas emociones van en contra de nuestra naturaleza racional, ya que ignoran lo que es verdaderamente bueno. Cuando tengo miedo de saludar a una chica, este miedo y mi inacción van completamente en contra de la virtud: es imprudente e irracional temer lo que no es peligroso, carece de autodisciplina por no superar la resistencia interior y es simplemente cobarde. Es esencial superar estas emociones negativas si queremos practicar el estoicismo. Por eso, una parte clave de la filosofía estoica es prevenir la aparición de las emociones negativas y estar preparado para afrontarlas con eficacia y sin agobiarse si, a pesar de todo, aparecen (¡y lo harán!).

¿Cuál es el secreto? En realidad no hay ningún secreto (¡lo siento!). Sin embargo, hay determinadas prácticas que te ayudarán a prepararte para las situaciones difíciles. (Estas prácticas se tratan en la segunda parte de este libro). Después de una rápida nota al margen, veremos las dos razones principales por las que nos vemos atrapados por las emociones negativas. Cuando podamos minimizar estas dos razones, consecuentemente tendremos menos emociones negativas y mejoraremos en el manejo de las mismas.

Atención: El cerebro humano está diseñado para sobrevivir, no para prosperar. Los principales objetivos de nuestros antepasados eran sobrevivir y reproducirse. La comida y el agua eran escasas. Había muchos peligros, por lo que estaban constantemente al acecho de animales peligrosos y clanes rivales. Por eso nuestros cerebros desarrollaron un sesgo de negatividad: si un lobo les pillaba por sorpresa, estaban muertos. En cambio, si perdían la oportunidad de comer, podían tener otra más adelante. Así que era más importante centrarse en lo negativo que en lo positivo.

Hoy en día seguimos teniendo esos mismos cerebros: comprobamos constantemente si lo que ocurre a nuestro alrededor es peligroso. Debido a nuestra evolución, vemos los obstáculos mucho mejor que las oportunidades. Está en nuestra naturaleza preocuparnos por la salud, la riqueza y el estatus social. Parece que los necesitamos para sobrevivir. Por eso, nos comparamos automáticamente con los demás, nos centramos en los posibles peligros y deseamos cada vez más cosas.

Así que no te preocupes si crees que eres negativo, es normal. Es solo el sesgo de negatividad que viene incorporado en nuestro cerebro. Sin embargo, esto es muy contraproducente en el mundo moderno, ya que, al fin y al cabo, estamos muy seguros y tenemos suficiente comida, por lo que la supervivencia para la mayoría de nosotros ya está cubierta. Nada te va a atacar por la noche, y ningún clan rival va a quemar tu cabaña. La cuestión es que estas emociones negativas se interponen y debemos intentar minimizarlas a ellas y a los efectos que tienen en nuestras vidas. Veamos ahora las dos razones principales por las que nos abruman las emociones negativas.

Deseamos aquello que está fuera de nuestro control

«La pasión nace no de otro modo, sino al frustrarse el deseo o al ir a caer en lo que se aborrece.» Epicteto señala que las emociones negativas surgen cuando no conseguimos lo que queremos. «Ese es el que soporta inquietudes, turbaciones, infortunios, desdichas, padecimientos, lamentos, envidias; el que hace envidiosos y celosos, cosas por cuya causa ni siquiera somos capaces de escuchar a la razón.»

Básicamente, las emociones negativas provienen de desear y temer lo que no está bajo nuestro control. Como hemos aprendido antes, la raíz de nuestro sufrimiento proviene de la preocupación por cosas que están fuera de nuestro control. Se trata de juicios de valor erróneos; valoramos cosas indiferentes como buenas o malas. Por ejemplo, juzgar erróneamente las cosas materiales como buenas o deseables es la causa de las ansias de riqueza y placer. Este fuerte anhelo es una emoción negativa que se apodera del volante y nos empuja a hacer cualquier cosa que satisfaga el anhelo momentáneamente, sin tener en cuenta nuestros valores. Porque somos incapaces de escuchar la razón; recuerda: la razón está atada y amordazada en el maletero.

Los juicios de valor erróneos también funcionan a la inversa. Juzgamos erróneamente algún acontecimiento externo indiferente, como la lluvia, las personas molestas o la pobreza, como algo malo o incluso terrible, y este juicio erróneo sobre el acontecimiento provoca ira o miedo. Así que es el juicio erróneo sobre un acontecimiento lo que causa las emociones negativas, y estas emociones, de nuevo, se interponen en el camino de una vida feliz porque nos empujan a actuar impulsivamente en lugar de racionalmente.

Donald Robertson lo dice muy bien en su libro *Stoicism and the Art of Happiness*[8]: «La mayoría de la gente corriente carece de plenitud y paz mental porque sus valores son confusos y están en conflicto interno. Desperdiciamos nuestras vidas persiguiendo la ilusión de la felicidad, basada en una mezcla de hedonismo, materialismo y egoísmo: valores irracionales y autodestructivos procedentes del mundo insensato que nos rodea».

Deseamos y tememos las cosas externas que están fuera de nuestro control directo; ingenuamente, consideramos buenas cosas indiferentes como la salud, la riqueza y la reputación, e incluso creemos que son necesarias para tener una vida feliz, y también juzgamos la enfermedad, la pobreza y la mala reputación como malas y obstaculizadoras de la felicidad. Estos deseos y temores sobre las cosas externas son una señal de advertencia que parpadea con fuerza y dice: «¡Te has olvidado de lo básico! Vuelve a revisar tus creencias básicas». En otras palabras, todavía no hemos asumido los principios estoicos básicos de que la virtud es el único bien verdadero, de que lo que no está bajo nuestro control es, en última instancia, indiferente, y de que somos los únicos responsables de nuestra felicidad. Mientras sintamos que las cosas suceden a favor o en contra de nosotros, que la caca de perro nos arruina el día y

---

8. Teach Yourself, Londres 2018.

que una paga extra nos lo alegra, mientras tengamos miedo de no conseguir lo que queremos y nos sintamos mal por no conseguirlo, solo seremos marionetas de nuestras emociones, causadas por juicios erróneos sobre lo verdaderamente bueno y malo.

Dice Epicteto: «estás loco; pues quieres que las cosas que no dependen de ti, dependan, y que lo ajeno, sea tuyo». Si pudiéramos separar cuidadosamente las cosas que dependen de nosotros de las que no, y centrarnos en las que dependen de nosotros y dejar que el resto sea como sea, nos veríamos mucho menos afectados por las emociones negativas causadas por los juicios erróneos. Sin embargo, aunque nos propongamos hacer exactamente eso, hay algo más que a menudo se interpone en nuestro camino: la inconsciencia. No somos lo suficientemente conscientes y nos olvidamos de centrarnos en lo que podemos controlar; no obstante, nos dejamos llevar por nuestras impresiones iniciales y solo nos damos cuenta más tarde de que hemos juzgado mal el acontecimiento. La falta de conciencia es la segunda razón por la que surgen las emociones negativas y se apoderan de nosotros.

Nos falta conciencia y nos dejamos llevar por las primeras impresiones

¿Recuerdas que los estoicos quieren que prestemos total atención a cada una de nuestras acciones? ¿Como cuando prestamos atención para no pisar trozos de vidrio roto? Pues bien, adivina qué ocurre cuando no ponemos esa atención en las situaciones difíciles. Nos dejamos llevar por nuestras primeras impresiones sin ser capaces de reflexionar sobre ellas. Estas primeras impresiones son como tendencias a actuar de una determinada manera, pero cuando somos lo suficientemente conscientes, podemos intervenir y elegir nuestra mejor respuesta, que seguramente es diferente de la primera impresión.

He aquí un ejemplo. Esto me ocurrió haciendo una pausa para ir al baño. Me levanté de mi silla de escribir, me dirigí al baño y el paquete de papel higiénico sobre la cisterna me llamó la atención. Lo compré ayer porque me hacía falta. Al verlo, mi mente pensó inmediatamente: «Sí, has hecho muy bien comprándolo. Pero Nils (mi hermano, con el que vivo) ni siquiera se ha dado cuenta. Ni siquiera me ha dado las gracias...». Empezaron a surgir en mi interior leves sentimientos de enfado y malestar, y mi mente empezó a racionalizar: «Bueno, sí que me ha dado las gracias por comprar la comida. Y hace muchas cosas en la casa...». Afortunadamente, fui lo suficientemente consciente para reconocer ese patrón de pensamiento, intervine y lo paré, como si fuera la típica lucha mental del «ego buscando reconocimiento». Los sentimientos negativos desaparecieron en un abrir y cerrar de ojos.

¿Qué pasó exactamente? La situación «papel higiénico nuevo» me provocó una primera impresión automática de «tal o cual cosa es mala», con tendencia a enfadarme. Por suerte, fui lo suficientemente consciente, lo reconocí y lo paré inmediatamente. Si hubiera sido una situación más complicada, habría sido capaz de usar la razón, o simplemente la fría y dura lógica, y ver la situación objetivamente. Me habría dicho a mí mismo que hacer lo correcto es suficiente, que es una recompensa en sí misma y que no necesito el reconocimiento de nadie. Ahora bien, si no hubiera sido consciente de esa impresión irracional, me habría enfadado y frustrado, habría entrado en la habitación de mi hermano y le habría dado una patada en la cara. O, más probablemente, esa primera impresión negativa me habría arrastrado y me habría encerrado en mis pensamientos mientras hubiera durado el enfado irracional con mi hermano.

Por eso la inconciencia es tan peligrosa: siendo inconscientes, no podemos observar y reconocer nuestras primeras impresiones y avanzamos sin pensar. Como dice Epicteto: «Cuando relajes un momento la atención, no te pienses que la recuperarás cuando quieras, sino ten a mano que, por el error de hoy, por fuerza tus asuntos irán peor en lo demás». Esto es exactamente lo que aprendimos antes: cuando la pasión se ha apoderado de nosotros, obedecemos como un perro detrás de unas salchichas. La razón puede gritar y silbar a todo pulmón, pero no podemos oírla porque estamos completamente absorbidos por la salchicha de la pasión.

Mira, se podría argumentar que la razón para que las emociones negativas se apoderen de nosotros incluso en este caso es el juicio erróneo, no la falta de conciencia. Las emociones surgen por el juicio irracional de que mi hermano es desagradecido. Sin embargo, también se podría argumentar que muchos juicios erróneos se producen porque no somos lo suficientemente conscientes desde el principio. No somos conscientes de cada uno de nuestros pasos y acabamos pisando la caca de perro. O mi madre no es lo suficientemente consciente de la cantidad de café que ha bebido, así que acaba preguntándose: «¿Quién se ha bebido mi café?». Claro, puede que ella valore demasiado el café (¿es posible eso?), pero la razón detrás de este juicio erróneo es su falta de atención cuando se lo bebe... la mayoría de las veces (lo siento mamá, a veces me bebo un sorbo o dos).

La cuestión es que ser consciente hará más difícil que nos dejemos llevar por las emociones negativas. Esto es muy importante, porque dejarse llevar por las emociones negativas es exactamente lo que nos impide actuar correctamente y alcanzar la buena vida. Recuerda, para los estoicos, el único bien reside en las acciones voluntarias, y nuestras acciones solo pueden ser voluntarias cuando ponemos conciencia en cada momento. Si carecemos de esa conciencia, nos dejamos llevar y permitimos que nuestras acciones se vuelvan «vergonzosas y desconsideradas», por usar las palabras de Epicteto. Solo poniendo conciencia en cada momento podemos afrontar adecuadamente el reto de aceptar los acontecimientos externos con ecuanimidad, al tiempo que cultivamos la sabiduría, la justicia y el dominio de nuestras reacciones. Con esa conciencia, podemos intentar seguir el consejo de Epicteto de «soportar y renunciar» en la vida cotidiana:

1. Debemos soportar lo que tememos y lo que nos disgusta irracionalmente con valentía y perseverancia.
2. Debemos renunciar (o abstenernos) a lo que deseamos irracionalmente mediante la discreción y la autodisciplina.

Definitivamente, necesitamos ser conscientes para detectar nuestros miedos y deseos irracionales antes de poder soportarlos con valor y perseverancia, o abstenernos de ellos con discreción y autodisciplina. Sin embargo, la conciencia no es suficiente. No todo el mundo puede mirar al miedo a los ojos y hacerlo en cualquier situación. Yo muchas veces no puedo. Incluso cuando soy lo suficientemente consciente para reconocer mi miedo y saber que es irracional y que lo más sensato es actuar a pesar del miedo, muchas veces la emoción es más fuerte que mi valentía. Otro ejemplo es la batalla entre el deseo irracional y la autodisciplina. Después de un largo día de trabajo y de perseverar en mis tareas, me doy cuenta de que deseo ver algunas noticias. Soy muy consciente de la batalla entre el deseo de placer y mi desinflada fuerza de voluntad, y la mayoría de las veces gana la fuerza de voluntad, pero a veces cedo al deseo.

Puede que la conciencia no sea suficiente para actuar siempre de acuerdo con nuestros valores, pero seguro que te hace ganar tiempo y para ver la situación con claridad y poder al menos intentar tomar la decisión racional. Esto hará que te sea mucho más fácil dominarte a ti mismo, actuar racionalmente y avanzar hacia una vida feliz y fluida. Y muchas veces evitará que te dejes llevar por emociones irracionales, y harás disparates (y pisarás la caca de perro) con menos frecuencia.

Paso a paso, vas avanzando.

SEGUNDA PARTE

55 prácticas estoicas

«Que [la filosofía] te libere a ti de los vicios
y no eche en cara a los demás los suyos.»

SÉNECA

5

¿Cómo practicar el estoicismo?

«En realidad, en la escuela somos impetuosos y locuaces
y, si acertamos en dar en cualquier cuestioncilla sobre
algo de esto, capaces de llegar a las consecuencias. Pero
sácanos a la práctica y hallarás unos pobres náufragos.»

EPICTETO

Enhorabuena. Has superado la parte teórica. Ha llegado
el momento de meterse en el agua.

Pero cuidado, el hecho de dominar la teoría no significa que estemos preparados para el mundo real. Conocer la
teoría y aplicarla en la práctica son dos cosas completamente diferentes. Te vas a mojar.

O, como dice Epicteto, podríamos naufragar misera-
blemente. Por eso debemos practicar. Dice que un carpintero se convierte en carpintero aprendiendo ciertas cosas.
Y un timonel se convierte en timonel aprendiendo ciertas
cosas. Así que está claro que, si queremos llegar a ser buenas personas, debemos aprender ciertas cosas.

Dice Epicteto: «¿Eso aprendiste aquí? ¿No estás dispuesto a dejarles los argumentitos sobre esos asuntos a

otros, desdichados hombrecillos, para que, sentados en su rincón, reciban sus sueldos o anden rezongando que nadie les da nada, mientras que tú, pasando de largo, te sirves de lo que aprendiste? ¡Que no son discursitos lo que nos falta ahora, que los libros de los estoicos están llenos de argumentitos! Entonces, ¿qué es lo que falta? Quien se sirva de ellos, quien dé testimonio de sus palabras con sus obras. Desempeña tú ese papel, para que ya no nos sigamos sirviendo en la escuela de ejemplos antiguos, sino que tengamos también algún ejemplo de nuestro tiempo».

Sé el ejemplo ahí fuera. No te conformes con el mero aprendizaje, sino que practica, practica y practica. Porque si pasa el tiempo, dice Epicteto, nos olvidamos de lo que hemos aprendido y acabamos haciendo lo contrario, y manteniendo opiniones contrarias a las que deberíamos.

Perdona que te lo diga, pero no eres Supermán. No puedes escuchar los principios estoicos una sola vez y esperar contar con ellos cuando los necesites en la vida. Debes entrenar como si fueras un atleta profesional e ir al gimnasio todos los días. Llegar antes y salir más tarde que los demás. De la nada no sale nada.

Recuerda que la filosofía habla de cómo vivir la propia vida. Como ya hemos dicho, Epicteto compara la filosofía con los artesanos: al igual que el carpintero utiliza la madera y el escultor el bronce, nosotros utilizamos nuestra propia vida como materia prima en el arte de vivir.

Cada acontecimiento de nuestra vida es un bloque de mármol sobre el que podemos esculpir. Así es como aprendemos a usar el cincel y el mazo hasta dominar nuestro oficio. La filosofía consiste en aplicar unos principios al mundo real. Recordemos que queremos ser guerreros-filósofos y poner en práctica lo que aprendemos.

De eso trata esta parte. Encontrarás 55 prácticas estoicas mezcladas con consejos prácticos. Cada una de ellas puede utilizarse independientemente. A fin de simplificar, vamos a diferenciar entre tres tipos de prácticas: Las primeras son prácticas de preparación que puedes hacer de forma sencilla. No necesitarás una situación de la vida para entrenarte, y puedes hacerlas simplemente en casa. Las segundas son prácticas para situaciones vitales complicadas: cómo manejarse en momentos de estrés. Y la tercera son prácticas para situaciones con otras personas: cómo lidiar con personas difíciles.

Ten en cuenta que los distintos enfoques funcionan mejor para algunas personas y peor para otras. Estas prácticas son sugerencias, no reglas rígidas. Prueba las prácticas y sigue haciendo lo que funciona y deja de lado lo que no funciona. No lo pienses demasiado.

Ahora, antes de pasar a las prácticas, veamos rápidamente una leyenda y tres detalles importantes que te ayudarán a sacar el máximo provecho de los ejercicios.

Prepárate

> «¿Qué hubiera sido de Hércules sin el león, la hidra, el jabalí y el resto de peligros? ¿Qué hubiera hecho en ausencia de esos desafíos?»

EPICTETO

¿Qué habría sido del legendario Hércules si no hubiera tenido ocasión de luchar?

«Simplemente», dice Epicteto, «se hubiera dado la vuelta en la cama para seguir durmiento. Y al pasar la vida entre el lujo y la comodidad nunca se habría convertido en el poderoso Hércules».

¿Qué habría sido de cualquier persona que admiras si no hubiera luchado? ¿Tu madre? ¿Ese colega que tanto valoras? ¿Roger Federer o cualquier otra superestrella? Una cosa es segura, no estarían donde están sin los retos que han tenido que afrontar en sus vidas. Las dificultades son importantes. Para eso estamos aquí. Dios, dice Séneca, «no tiene al hombre bueno en medio de deleites, lo somete a prueba, lo endurece, lo prepara para sí».

Todas las adversidades a las que te enfrentas en tu vida, son pruebas. Es un mero entrenamiento. La vida no se supone que sea fácil, la vida se supone que es un reto para asegurarse de que realmente creces. «Que las cosas que nos aterrorizan y hacen temblar redundan en provecho de los mismos a quienes les suceden», dice Séneca.

Cada vez que tengas un problema, acuérdate de Hércules, que se hizo fuerte gracias a los retos que tuvo que afrontar.

La vida tiene que ser dura a veces. Levanta la cabeza, saca pecho, lo harás bien.

Ahora, veamos tres detalles útiles que te ayudarán a sacar el máximo provecho de las prácticas.

Ser consciente

El estoicismo no es un camino fácil de seguir. Hay muchos principios que hay que tener en cuenta y experimentar.

Y el requisito más importante es ser consciente de lo que ocurre. Porque la filosofía estoica trata sobre todo de cómo reaccionamos a lo que ocurre en el mundo que nos rodea. Lo que sucede no importa, porque está fuera de nuestro control. Lo que importa es cómo lo afrontamos.

Para afrontar lo que ocurre con eficacia y ser conscientes de nuestras reacciones, tenemos que ser conscientes de lo que ocurre. Tenemos que ser capaces de interponernos entre el estímulo y la respuesta. Tenemos que ser capaces de no dejarnos llevar por nuestros impulsos, sino dar un paso atrás y observar la situación con objetividad.

El estoicismo requiere que seamos capaces de no reaccionar impulsivamente a lo que nos ocurre. Requiere que detectemos nuestras impresiones iniciales, para que reconozcamos nuestra capacidad de elegir nuestra respuesta. Cuando seamos capaces de detectar nuestras primeras impresiones, podremos ponerlas a prueba y elegir activamente si seguirlas o no.

Mira, la conciencia es el primer paso hacia cualquier cambio serio. Si no eres consciente de lo que va mal en tu vida, ¿cómo quieres arreglarlo? Si no te das cuenta cuando te enfadas, ¿cómo quieres evitarlo en el futuro? Dice Séneca: «El principio de la salud es la conciencia de la culpa. Esto lo dijo Epicuro, a mi modo de ver, admirablemente; porque quien ignora su falta, no quiere ser corregido; es preciso que descubras tu falta antes de enmendarte».

El estoicismo nos pide que seamos conscientes de lo que hacemos en cada momento. Toda la idea de la virtud, de expresar nuestro yo más elevado en cada momento, se basa en nuestra capacidad de estar presentes en el momento y saber lo que está pasando. ¿De qué otra manera podemos elegir nuestra mejor acción?

Nuestros pensamientos y acciones voluntarias son, por definición, lo único que está bajo nuestro control. Y solo existen en el aquí y el ahora. No podemos elegir una acción si estamos perdidos en nuestros pensamientos, rumiando el pasado o soñando con el futuro.

Por tanto, debemos centrar nuestra atención en el momento presente, sin distraernos con el pasado o el futuro. Entonces podremos afrontar adecuadamente el reto al que nos enfrentamos ahora, tratando de aceptarlo tal y como es, y elegir una respuesta coherente con nuestros valores.

Básicamente, debemos ser conscientes de cada uno de nuestros pasos. Como hemos dicho antes, debemos observarnos como un halcón y prestar la misma atención al momento presente que cuando caminamos descalzos sobre cristales rotos. Esta autoobservación enfocada y continua es necesaria para practicar el estoicismo de manera efectiva.

No te preocupes si crees que no eres una persona muy consciente. Aun así puedes practicar la mayoría de las siguientes prácticas. Además, muchas de ellas mejorarán tu atención plena. El cultivo de la conciencia es parte del estoicismo. Mejorarás tomando distancia de tus impulsos, para poder analizarlos y cuestionar su exactitud, y luego decidir la respuesta más inteligente.

Recarga tu autodisciplina

Practicar el estoicismo no es como ver la televisión. Requiere un esfuerzo. Hay que hacer algo de verdad.

La mayoría de las prácticas requieren autodisciplina si quieres hacerlas. Algunas son complicadas, no son especialmente divertidas y pondrán a prueba tu fuerza de voluntad. Pero eso forma parte del juego. Y lo mismo ocurre con otras cosas en la vida. Si quieres mejorar tirando los dardos, debes practicar. Si quieres mejorar levantando pesas, debes entrenar duro.

Lo mismo ocurre con el estoicismo. Requiere esfuerzo y disciplina, pero al mismo tiempo te hará ganar resistencia y autodisciplina. Te hará más fuerte. Al igual que el levantamiento de pesas fortalecerá tus músculos, la práctica de los principios estoicos fortalecerá tu voluntad.

Sí, es exigente. Pero siempre tendrás que pagar un precio si quieres mejorar. Las prácticas te harán más resistente, tranquilo, valiente, disciplinado, etc.

Además, hay que tener en cuenta que practicar una filosofía de vida tiene un coste. El autor William Irvine describe este precio sin rodeos: «El peligro de que pases el resto de tus días persiguiendo cosas sin valor y, por tanto, desperdicies tu vida».

Depende de nosotros. O estamos dispuestos a invertir y cosechar los beneficios, o no lo estamos y nos arriesgamos a desperdiciar nuestras vidas.

Mira, las recompensas son mucho mayores que el esfuerzo que tienes que poner en ello. En mi opinión, hacer esta inversión es una obviedad. Hay mucho que ganar y nada más que un pequeño esfuerzo que perder. Así es como

Irvine describe lo que obtendrás si haces la inversión: «Los estoicos pueden transformarse en individuos notables por su valor y autocontrol. Serán capaces de hacer cosas que otros temen hacer, y serán capaces de abstenerse de hacer cosas que otros no pueden resistirse a hacer».

Puedes convertirte en una persona extraordinaria si estás dispuesto a esforzarte. Realiza las prácticas aunque no tengas ganas de hacerlas. Es lo que tienes que hacer. No las leas, asientas con la cabeza y sigas adelante sin ponerlas en práctica. Eso no te hará mejorar.

Recuerda que la autodisciplina es como un músculo. Cuanto más la uses, más fuerte se hará. Así que cada vez que te decidas a superar el obstáculo inicial y a realizar una práctica, te estarás entrenando en autodisciplina y fuerza de voluntad.

Si lo haces hoy, será más probable que lo hagas mañana. Si no lo haces hoy, será menos probable que lo hagas mañana.

No te llames filósofo a ti mismo

Según Epicteto, serás ridiculizado por practicar el estoicismo: «Quieres devenir filósofo. Prepárate desde ahora a ser ridiculizado y persuádete de que las gentes ordinarias quieren de ti burlarse y decirte: "¡De un día para otro se volvió filósofo! ¿De dónde tanta arrogancia?"».

De todos modos, no sé si eso sigue siendo válido hoy en día. No hablo mucho de la práctica del estoicismo, así que no he experimentado que la gente se burle de mí por ello. En cualquier caso, creo que si tus amigos se burlan de ti por tratar de mejorarte a ti mismo, tal vez quieras reconsiderar esas amistades.

«Y recuerda», continúa Epicteto en su *Enquiridión*, «si perseveras en tus propósitos, aquellos que en principio se burlaron de ti, enseguida te aceptarán; mientras que si cedes a sus insultos, serás doblemente burlado».

Así que, aunque te ridiculicen y los demás te hagan pasar un mal rato por tu compromiso con la superación personal, debes saber que, si te mantienes fuerte, esas personas te admirarán.

El truco más sencillo para que nadie se burle de ti viene también de Epicteto: «No te llames filósofo, ni hables bellas máximas ante los profanos; sino haz lo que tales máximas prescriben».

No menciones que te dedicas al estoicismo, simplemente vive según él. Puedes contárselo a los que quieran saber lo que te pasa cuando reconozcan tus cambios positivos. Este es el primer consejo que William Irvine comparte en su libro *El arte de la buena vida*[9]: «El primer consejo que ofrecería a quienes deseen probar el estoicismo es que practiquen lo que he denominado "estoicismo furtivo": creo que harías bien en mantener en secreto que eres un estoico practicante. Practicando el estoicismo de forma sigilosa, puedes obtener sus beneficios evitando un coste importante: las burlas de tus amigos, familiares, vecinos y compañeros de trabajo».

Es mejor demostrar que explicar lo que has aprendido.

Sumérgete.

---

9. Planeta, Barcelona 2019.

6

Preparación para las prácticas

El estoicismo es exigente. Quiere que expreses tu yo más elevado en todo momento. Quiere que te centres en lo que controlas y aceptes todo lo demás con ecuanimidad. Quiere que reconozcas tu poder para percibir los acontecimientos de forma constructiva. Y quiere que asumas la responsabilidad de tu propio crecimiento.

Las siguientes 21 prácticas y estrategias de preparación te ayudarán a convertirte en una persona preparada para afrontar los retos de la vida.

Estas prácticas no requieren ninguna situación vital específica. Puedes hacerlas en cualquier momento y casi en cualquier lugar. No hay excusas para no hacerlas. Todo lo que necesitas son unos minutos y algo de autodisciplina.

Encontrarás diferentes tipos de prácticas:

- Mentalidades a adoptar.
- Prácticas de visualización.
- Prácticas de escritura.
- Prácticas de escritura de un diario.
- Prácticas al aire libre.

- Intervenciones en el estilo de vida. ¡Preparados, listos, ya!

Práctica 1

El arte estoico de la aquiescencia:
Aceptar y amar lo que ocurre

«¡Oh, universo! Todas tus obras me complacen.
Todo lo que llega a tiempo para ti no puede ser para mí
ni prematuro ni tardío. ¡Oh, Naturaleza! Lo que me traen
tus estaciones es para mí siempre sazonado fruto.
Todo proviene de ti, todo reside en ti, todo vuelve a ti.»

MARCO AURELIO

Acepta en lugar de luchar contra cada pequeña cosa que ocurre. Ya hablamos de la aceptación estoica en el capítulo 3. Si nos resistimos a la realidad, si pensamos que las cosas van en nuestra contra, si luchamos contra lo que es, entonces sufriremos. Por lo tanto, no debemos desear que la realidad sea diferente, sino aceptarla como es.

«Si esta es la voluntad de la naturaleza, que así sea.» Esta es la máxima por la que vivían los estoicos. Hoy tenemos un dicho similar: «Hágase tu voluntad». Y no importa si lo llamamos Dios, Naturaleza, Fortuna o Destino, pero debemos reconocer que hay algo más grande que nosotros y que no controlamos todo lo que sucede a nuestro alrededor.

El arte de la aquiescencia consiste en aceptar de buen grado los acontecimientos externos. Aceptar incluso lo que la mayoría de la gente juzgaría como «malo». Epicteto dice que, como filósofos, debemos adaptarnos a lo que ocurra, de modo que nada ocurra en contra de nuestra voluntad y nada que deseemos deje de ocurrir. Haz que tu voluntad esté en armonía con lo que sucede. «Que el Destino nos encuentre dispuestos y diligentes. Es un gran espíritu éste que se le ha entregado; por el contrario, es un espíritu mezquino y degenerado aquel que lo combate, que reprueba el orden del mundo y prefiere corregir a los dioses antes que a sí mismo», como decía Séneca.

¿Recuerdas la metáfora del perro atado a un carro? El perro puede disfrutar del paseo y correr suavemente junto al carro, o puede resistirse obstinadamente a la dirección del carro mientras este le arrastra. Si nos resistimos a lo que sucede, nos vemos arrastrados al igual que ese perro. Esto se llama sufrimiento.

Es mucho más inteligente aceptar la realidad y centrarnos en dónde está nuestro poder. Como hemos visto antes, el distintivo de un jugador de póker admirable es que juega lo mejor posible, independientemente de sus cartas. Al final, no gana el que tiene la mejor mano, sino el que juega mejor sus cartas.

No puedes elegir las cartas que te tocan, solo cómo quieres jugarlas. Tus cartas, en el póker como en la vida, son indiferentes, aprende a aceptarlas siempre, sin juzgarlas. Si puedes hacer esto, si puedes aceptar en lugar de resistirte a lo que sucede, ya no dependerás de que las cosas sean de una determinada manera.

Aquí tienes un impresionante ejemplo:

A los 67 años, después de pasar un día más en su laboratorio, Thomas Edison volvió a casa. Después de cenar, un hombre llegó a su casa con noticias urgentes: se había producido un incendio en el campus de investigación situado a pocos kilómetros.

Los camiones de bomberos no podían apagar el fuego. Alimentadas por productos químicos, las llamas verdes y amarillas se alzaban hasta el cielo, amenazando con destruir todo el imperio que Edison había dedicado toda su vida a construir.

Cuando Edison llegó al lugar de los hechos, le dijo a su hijo: «Ve a buscar a tu madre y a todas sus amigas, nunca volverán a ver un incendio como este».

Qué reacción, ¿verdad? Perdió gran parte del trabajo de toda su vida, y en lugar de entristecerse o enfadarse, lo aceptó y trató de sacar lo mejor de ello. Al día siguiente empezó a reconstruir lo que el fuego había destruido. Esto es jugar bien las cartas. Esto es no resistirse.

Además, este ejemplo demuestra que la aceptación estoica no tiene nada que ver con la resignación pasiva. Edison empezó a reconstruirlo todo al día siguiente. Aceptó su destino con gracia y trató de sacar lo mejor de él. Y esto es lo que los estoicos nos aconsejan hacer: no luches contra la realidad, sino que tu voluntad debe estar en armonía con ella, y céntrate en aquello en lo que tú tienes el control.

Marco Aurelio tiene un truco para armonizar su voluntad con la realidad. Compara lo que nos ocurre con lo que nos receta un médico. Al igual que nos tomamos una medicina cuando el médico lo dice, debemos tomar los acontecimientos externos tal como son, porque son como la medicina que está ahí para ayudarnos.

Los acontecimientos son el tratamiento de la naturaleza para convertirnos en mejores personas. Esas cosas suceden a nuestro favor, no en nuestra contra, aunque no lo parezca.

A mí me ayuda esto: la naturaleza es inmensamente compleja y es imposible saber si algo que ocurre es bueno o malo. Porque nunca se sabe cuáles serán las consecuencias de las desgracias. Y nunca se sabe cuáles serán las consecuencias de la buena suerte. Por lo tanto, trato de aceptarlo todo como si lo hubiera elegido. Así, paso de ser una víctima quejumbrosa a un creador responsable.

(Te recomiendo encarecidamente que veas este vídeo de 2 minutos en YouTube: *La historia del granjero chino*. https://www.youtube.com/watch?v=cWFq3NoSPw8).

Práctica 2

Emprender acciones con una cláusula de reserva

«Navegaré a través del océano si nada me lo impide.»

SÉNECA

La cláusula de reserva es un clásico truco estoico para mantener la ecuanimidad y la tranquilidad. Te ayudará a aceptar los resultados de tus acciones. Cuando planees hacer algo, añade la advertencia «si nada me lo impide».

Séneca define la cláusula de reserva con esta fórmula: «Quiero hacer tal o cual cosa, siempre que no ocurra nada que pueda suponer un obstáculo a mi decisión». Voy a hacer esto, si el destino lo permite. Haré todo lo posible, pero el resultado no está en última instancia bajo mi control. No puedo tener la certeza absoluta de que saldrá según lo planeado, pero me esforzaré al máximo.

- Navegaré a través del océano si nada me lo impide.
- Haré ejercicio el lunes y el jueves de esta semana, si el destino lo permite.
- Daré en el blanco, si Dios quiere.

Te propones hacer algo con la actitud de que el resultado no está bajo tu control y estás dispuesto a aceptar con calma que las cosas no salgan como las planeaste. Otras personas asumen que, por supuesto, las cosas saldrán bien. Y, si no, se resistirán a la realidad y sufrirán indefinidamente.

Como estoicos, introducimos la cláusula de reserva en todo lo que hacemos y prevemos que algo puede suceder e impedir el resultado que deseamos. No nos prometemos el éxito de antemano. De este modo, será más fácil aceptar el fracaso y podremos volver a levantarnos más rápido. Además, ganaremos confianza porque no estaremos excesivamente apegados al resultado.

Con ese distanciamiento del resultado, podremos mantener nuestra tranquilidad en lugar de frustrarnos, aunque no obtengamos el resultado que esperábamos.

La cláusula de reserva implica dos puntos:

1. Haz todo lo posible para tener éxito...
2. ... y al mismo tiempo acepta y sé consciente de que el resultado está fuera de tu control directo.

Esta es una forma a prueba de balas de reforzar tu confianza: (1) te esfuerzas por tener éxito, (2) sabes que los resultados están fuera de tu control, (3) estás preparado para aceptar el éxito y el fracaso por igual, y (4) sigues viviendo con areté, momento a momento.

Es el arquero estoico de nuevo. Concéntrate en lo que controlas, y acepta el resto tal y como sucede. Concéntrate en el proceso —esfuerzo, entrenamiento, preparación— y prepárate para aceptar el resultado con ecuanimidad. La cláusula de reserva nos ayuda precisamente a eso. Si añadimos esta advertencia cuando disparamos la flecha, somos conscientes de que el resultado no depende de nosotros y estamos preparados para aceptar el éxito y el fracaso por igual. Solo somos responsables de disparar lo mejor posible, pero no de dar en el blanco, eso es cosa del destino.

Todo se reduce a esto: saber que a veces las cosas no saldrán como quieres aunque lo hagas lo mejor posible, e independientemente de que lo merezcas o no. No confundas tus aspiraciones con cómo debe ser el universo.

Práctica 3

....

Lo que se interpone en el camino

se convierte en el camino

«El impedimento a la acción avanza la acción.
Lo que se interpone en el camino se convierte en el camino.»

Marco Aurelio

«Sin duda, una de las fórmulas más eficaces de la historia para superar cualquier situación negativa.» Esto es lo que dice Ryan Holiday sobre la fórmula de Marco Aurelio que acabas de leer arriba. Y continúa: «Una fórmula para prosperar no solo a pesar de lo que ocurra, sino gracias a ello».

Ryan Holiday basó todo un libro en esta fórmula: *The Obstacle is the Way* [10]. La idea principal es que las dificultades y los retos de la vida solo son obstáculos si nosotros los convertimos en tales. Depende de cómo veamos esos retos: podemos ver obstáculos y bloquearnos, o podemos ver oportunidades y progresar.

En cada desafío hay una oportunidad de crecimiento. Si somos conscientes de ello, podemos asegurarnos de que

---

10. Profile Books, Londres 2015.

lo que nos estorbe (los contratiempos y los conflictos) en realidad nos potencie. Esperamos que los conflictos aparezcan de antemano (recordemos la cláusula de reserva de la Práctica 2) y sabemos que serán como un bloque de mármol sobre el cual podremos esculpir para perfeccionar nuestras habilidades.

En el estoicismo, esto siempre es una oportunidad para practicar alguna virtud: el valor, la humildad, la razón, la justicia, la paciencia, la autodisciplina y el perdón. Nada puede impedirnos hacerlo. La virtud siempre está bajo nuestro control, siempre es posible responder virtuosamente a cualquier situación. Lo que se interpone en el camino se convierte en el camino. Es una oportunidad más para practicar ser lo mejor que se puede ser.

No importa lo que la vida nos depare, tenemos una elección: ¿Nos bloquearemos ante los desafíos o lucharemos contra ellos? O nos encogemos o crecemos. La adversidad es un peldaño para alcanzar un nivel superior como persona. Sin esta oportunidad, no podemos crecer y nos quedamos donde estamos.

Imagina un incendio. Todo obstáculo se consume y se convierte en combustible. Si no hay nada que se interponga, el fuego muere. Tú eres ese fuego. Nada es realmente un obstáculo, porque solo te alimenta y te hace más fuerte. Marco Aurelio llama a esta capacidad de utilizar los obstáculos como combustible «darle la vuelta al obstáculo».

Siempre que algo se interponga en el camino, utiliza ese obstáculo para practicar tu objetivo más importante: vivir con areté, expresar la versión más elevada de ti mismo. Nada puede impedirte hacerlo. Seguirás progresando, y siempre se presentarán nuevos obstáculos, es decir, oportunidades. Está en tu mano utilizarlos como combustible y practicar tus habilidades.

Todo se reduce a tu percepción. La misma situación puede percibirse como una bola de plomo encadenada a tus pies, o como unas alas que salen de tus omóplatos. La forma en que interpretes el reto es crucial superarlo con éxito. En última instancia, lo importante nunca son los retos, sino cómo los percibes.

«Si te afliges por una cosa que está fuera de tu alcance, no es la cosa precisamente lo que te aflige, sino la idea que tú te formas; luego en ti está el borrar esta idea de tu espíritu.» Marco Aurelio dice que tu juicio convierte un evento en un obstáculo o en una oportunidad. Depende de ti.

Puedes encontrar una oportunidad de crecimiento en todo. Siempre puedes intentar darles la vuelta a los obstáculos y encontrar la manera de responder con la virtud.

Y, oye, no se trata de llevar gafas de color de rosa. Suceden cosas terribles, eso seguro. Solo se trata de mostrar que siempre tienes una opción. O escondes la cabeza en la arena cuando las cosas parecen volverse en tu contra, o mantienes la cabeza alta y buscas una oportunidad para crecer.

Mejorarás con el tiempo y llegarás a tener una inmensa tranquilidad interior en la que nada podrá perturbarte: estarás preparado para afrontar con eficacia todo lo que te depare la vida.

Práctica 4

....

Recuérdate la impermanencia de las cosas

«Cuando beses a tu hijo o a tu mujer, di:
"Estoy besando a un mortal".»

Epicteto

El cambio es una ley universal de la naturaleza. Las cosas cambian constantemente. La vida es efímera: las personas que nos importan pueden sernos arrebatadas de un plumazo, sin previo aviso. Por eso Marco Aurelio recuerda a menudo la metáfora del tiempo como un río, en el que todo pasa: «Considera la rapidez del torrente que arrastra todo lo que existe y lo que nace; porque la naturaleza de las cosas se asemeja mucho a la corriente de un río inagotable: sus obras son solo transformaciones continuas cuyas causas son también resultado de mil variaciones; nada es duradero, por decirlo así, ni aun lo que parece muy seguro».

Las cosas están en constante cambio, fluyen hacia el pasado, llegan cosas nuevas y fluyen hacia el pasado. Por lo tanto, debemos recordar lo valiosos que son nuestros seres queridos, que también pueden irse pronto. Apreciemos lo que tenemos ahora porque mañana puede desaparecer. La vida es impermanente.

Ten en cuenta que eres afortunado por poder disfrutar de las cosas que tienes, y que tu disfrute podría terminar abruptamente, y que tal vez nunca puedas volver a disfrutar de esas cosas. Aprende a disfrutar de las cosas y las personas sin sentirte con derecho a ellas, sin aferrarte.

Con la metáfora del río en mente, reduces el apego a lo que amas y disminuyes el miedo a las cosas que te desagradan. Porque eres consciente de que todo está en constante cambio, también las cosas que te desagradan. En general, percibes que las cosas externas tienen menos importancia.

Saber que nada es duradero hace que te apegues menos y que sea más fácil aceptar que las cosas cambian o que pierdes lo que amas. Epicteto nos recuerda que cuando estamos apegados a una cosa, como una copa de cristal, debemos tener presente lo que realmente es, para que no nos perturbe cuando se rompa. Y continúa: «También es así en esto: cuando beses a un hijito tuyo o a un hermano o a un amigo, nunca dejes ir del todo tu fantasía ni permitas que tu efusión vaya hasta donde ella quiera, sino tira de ella, conténla, como los que están en pie a espaldas de los que celebran el triunfo y les recuerdan que son humanos. Tú también recuérdate a ti mismo algo así: que amas a un mortal, que no amas nada de lo tuyo; te ha sido dado para este momento, no como cosa inalienable ni para siempre, sino igual que un higo o un racimo de uva, en determinada estación del año; y si lo deseas en invierno eres un insensato».

La próxima vez que te despidas de un ser querido, recuérdate en silencio que ésta puede ser la última despedida. Estarás menos apegado a ellos y, si los vuelves a ver, lo apreciarás mucho más.

Muchas cosas que nos suceden no podemos cambiarlas. Pero podemos adoptar un espíritu noble para soportar con valentía todos los cambios que la naturaleza nos envía, y poner nuestra voluntad en armonía con la realidad.

Cuando no hay higos, no hay higos.

Las cosas están en constante cambio. Toma conciencia de la pequeñez de este momento presente cuando estés leyendo esto. Y se va. Compara este momento con todo el día, con toda la semana, con toda tu vida. Las cosas cambian, tú cambias. Imagina a toda la gente que vivió antes que tú. Y toda la gente que te seguirá cuando ya no estés. Amplía tu perspectiva a toda la historia de la raza humana...

¿Ves? Las cosas van y vienen. Nada es duradero.

Práctica 5

....

Contempla tu propia muerte

«Yo no soy eterno, soy hombre, parte del todo como
la hora [es parte] del día. Debo venir como la hora
y pasar como la hora.»

EPICTETO

Las cosas son impermanentes. Disfruta de lo que amas mientras lo tengas. Si no es así, tu propia muerte acabará con ello. No hay nada que temamos más que nuestra propia muerte. Este miedo es irracional, dicen los estoicos, no es más que un rumor de los vivos.

Debido a ese miedo, no pensamos en nuestra propia muerte. Sí, otros pueden morir, pero nosotros no: nos sentimos inmortales. Sin embargo, no lo somos. Cuidado, lo que les pasa a los demás también te puede pasar a ti.

No sabemos cuánto tiempo más seguirá latiendo nuestro corazón. Y no depende de nosotros decidirlo. Solo depende de nosotros decidir cómo queremos vivir en este momento. Para aprovechar al máximo la vida, los estoicos nos aconsejan vivir como si hoy fuera nuestro último día.

«Piensa que estás muerto. Ya has vivido tu vida. Ahora aprovecha lo que te queda de ella y vívela como se debería», dice Marco Aurelio.

Vivir como si fuera nuestro último día no consiste en llevar un estilo de vida frívolo con drogas, *blackjack* y prostitutas. Se trata de reflexionar periódicamente sobre el hecho de que no vas a vivir para siempre, que eres mortal y puede que no te despiertes a la mañana siguiente. Como una hora, pasarás a mejor vida.

El objetivo no es necesariamente cambiar tus actividades, sino tu estado de ánimo mientras realizas esas actividades. Contemplar tu propia muerte no te deprimirá, no, aumentará tu disfrute de la vida. Se convertirá en una ventaja para ti. Ya no darás las cosas por sentado, y apreciarás mucho más cada pequeña cosa. Disfrutarás de todos y cada uno de los momentos. Porque eres muy consciente de que todas estas cosas no te han sido concedidas indefinidamente.

Pensar en tu propia muerte te ayuda a dejar de tomar decisiones al azar y perder el tiempo en nimiedades. Eres más consciente de a qué quieres dedicar tu tiempo. Centra tu mente en lo verdaderamente importante: en quién quieres ser en este mundo. Te ayuda a vivir con areté, sin importar lo que te hayas perdido hasta hoy. La vida es ahora y quieres aprovecharla al máximo expresando tu yo más elevado en cada momento.

Los antiguos romanos tenían un nombre para esto: *Memento mori* (recuerda que eres mortal). Recuérdalo y no solo apreciarás más tu vida y a tus seres queridos, sino que también aprovecharás mucho más tus días. Marco Aurelio aconseja recordarlo cada mañana: «Cuando te levantes por la mañana, piensa en el privilegio de vivir: respirar, pensar, disfrutar, amar».

Práctica 6

....

Considera que todo es un préstamo de la naturaleza

> «No nos envanezcamos como si nos encontrásemos
> entre cosas nuestras; solamente las tenemos prestadas.
> No tenemos más que el usufructo; la fortuna limita a su
> voluntad la duración de sus beneficios: dispuestos
> debemos estar siempre a devolver lo que se nos dio por
> tiempo incierto, y a restituir sin murmurar a la primera
> petición. Pésimo deudor es el que insulta a su acreedor.»
>
> SÉNECA

¿Realmente eres dueño de algo?

¿Tu coche, tu portátil, tu gato? ¿Tu cuerpo, tu estatus, tus relaciones? No, porque todas esas cosas pueden desaparecer en un segundo. Puede que trabajes horas extras y pagues el precio de poseer esas cosas, y sin embargo pueden desaparecer en cualquier momento. El destino, la mala suerte o la muerte pueden despojarte de ellas sin previo aviso.

¿Coche? ¡Robado! ¿Dinero? ¡Perdido! ¿Gato? ¡Se ha escapado! ¿Esposa? ¡Ha muerto! ¿Alto estatus? ¡Se fue!

No estamos preparados para afrontar esas pérdidas. Creemos que somos dueños de esas cosas y solo nos damos cuenta de que no lo somos cuando ya no están. Y ahora es increíblemente difícil lidiar con ello. Estamos devastados, perdidos y empapados en lágrimas.

Séneca dice que no podemos manejar esas pérdidas porque, para empezar, no somos conscientes de la posibilidad de perder esas cosas. Nunca pensamos en los malos acontecimientos con antelación y nos pillan por sorpresa. Pero ¿cómo podemos ser tan inconscientes?

Es la ignorancia.

En su carta de consuelo a Marcia, se pregunta cómo podemos ver pasar por delante de nuestras casas tantos cortejos fúnebres y no pensar en la muerte. Muchos funerales son tristes, pero seguimos convencidos de que nuestros hijos nos sobrevivirán. Muchas personas ricas pierden todas sus posesiones, y sin embargo no pensamos que nos pueda pasar a nosotros.

Hay muchos carteles de «*Gato perdido*» colgados en las calles y, sin embargo, no pensamos que nuestro Tigre podría perderse también. ¿Cómo podemos ver tanta desgracia en el mundo que nos rodea y no pensar en que puede ocurrir en nuestras propias vidas?

Cerramos los ojos. Lo ignoramos. Nos creemos invencibles. Damos las cosas por sentadas. Esta ignorancia nos costará muy cara, acabaremos devastados e incapaces de hacer frente a la situación.

Por eso Séneca aconseja pensar que todo es un préstamo de la naturaleza. No eres dueño de nada. Todo lo que crees que posees te ha sido prestado temporalmente. No como un regalo, sino como algo que tendrás que devolver cuando el prestamista lo reclame. Y, como dice Séneca, «pésimo deudor es el que insulta a su acreedor».

Piensa que todo lo que tienes es prestado: tu mejor amigo, tu cónyuge, tus hijos, tu gato, tu salud, tu estado, tu coche y tu portátil. Estas cosas te han sido prestadas. Sé consciente de ello y prevé que el prestamista querrá recuperar esas cosas, aunque no sabes cuándo.

Entonces, la desgracia te golpeará con menos fuerza y podrás afrontarla con mayor eficacia.

Al final, venimos sin nada y nos vamos sin nada.

Práctica 7

....

Visualización negativa: Previendo lo malo

«En medio de la seguridad apréstese el alma para las dificultades, afiáncese contra los reveses de la fortuna en medio de sus favores. El soldado en plena paz se ejercita, sin enemigo enfrente levanta la empalizada y se fatiga en trabajos superfluos para poder bastarse en los necesarios. A quien no quisieres ver temblando en plena acción, ejercítalo antes de la acción.»

SÉNECA

¿Tomas precauciones para evitar que ocurran cosas malas?

Seguro que sí. Yo también. Pero por mucho que lo intentemos, algunas cosas malas sucederán de todos modos. Ahí es donde resulta útil esta poderosa herramienta estoica. La visualización negativa es un ejercicio de imaginación en el que prevés cosas malas. Te prepara para mantener la calma y afrontar con eficacia lo que la vida te depare.

Un objetivo importante de los estoicos es poder mantener la calma y la razón incluso ante la adversidad para poder vivir según sus valores y expresar su versión más elevada, en lugar de entrar en pánico y volverse locos.

Esto requiere entrenamiento. Los estoicos utilizaban la visualización negativa para entrenarse en el mantenimiento de la ecuanimidad y enfrentarse a situaciones difíciles. Se preparaban para amortiguar el choque de la realidad y lograr una mayor tranquilidad, pero también para practicar los principios fundamentales de la filosofía. Para profundizar en sus valores.

Piensa en este entrenamiento del pensamiento como una previsión. Antes de salir a hacer algo, pregúntate:

- ¿Qué podría salir mal?
- ¿Qué obstáculo podría surgir?
- ¿Dónde podría encontrar dificultades?

Este es el entrenamiento de la resiliencia emocional. Te preparas para afrontar situaciones difíciles de antemano, cuando las cosas van bien, para estar preparado cuando las cosas se ponen feas. Así es como se evita la devastación, como expresó maravillosamente Ryan Holiday: «La devastación —la sensación de que estamos absolutamente abrumados y conmocionados por un acontecimiento— es la consecuencia de haber considerado improbable un acontecimiento desde el principio».

Si crees que las situaciones desafiantes van a poder contigo, puedes prepararte para no sentirte destruido y conmocionado por ellas en caso de que se produzcan. Y podrás dar lo mejor de ti.

Básicamente, visualizas en tu cabeza posibles escenarios negativos futuros. Pregunta de antemano qué podría salir mal, antes de iniciar un viaje, lanzar un producto o tener una cita. Imagina esas cosas negativas como si estuvieran sucediendo ahora mismo. Mientras observas esas cosas negativas ocurriendo ahora mismo en tu cabeza, intentas mantener la calma y responder de la mejor manera posible.

Atención: El término «visualización negativa» puede resultar engañoso. Como aprendimos en el segundo ángulo del Triángulo Estoico de la Felicidad, las cosas externas no son ni buenas ni malas, sino indiferentes. Esta es realmente la base de esta práctica estoica: en realidad, ninguna desgracia externa puede ser mala, porque está fuera de nuestro control. Solo nuestra reacción ante ella puede ser buena o mala, y para eso nos entrenamos, para ser capaces de reaccionar bien, con virtud.

Una cosa más: te debe parecer que la visualización negativa es similar a los ejercicios anteriores. Y tienes toda la razón. Recordarte a ti mismo la impermanencia de las cosas, tu propia mortalidad y que todo lo que tienes es solo prestado, son diferentes formas de visualización negativa.

Ahora bien, dejemos que Séneca nos recuerde que «la fortuna agobia a aquellos sobre quienes cae de improviso: el que vigila constantemente la vence sin trabajo».

Práctica 8

Malestar voluntario

«Mas un toro no se hace tal de repente, ni tampoco
un hombre se hace hidalgo, sino que antes hay
que encerrarse, prepararse y no tirarse uno de ligero
a lo que no le cuadra.»

EPICTETO

Emprendamos un duro entrenamiento invernal. Los estoicos llevaban la visualización negativa un paso más allá. En lugar de solo visualizar cosas malas, ¡las practicaban de verdad!

Aconsejaban practicar de vez en cuando la incomodidad para estar mejor en el futuro. El objetivo no era castigarse con un látigo o algo así, sino entrenar la resistencia y el autocontrol. Este entrenamiento calma el apetito por las posesiones materiales, aumenta el aprecio por lo que tienes y te prepara para lidiar eficazmente con situaciones incómodas cuando se presenten.

Básicamente, esta práctica sirve para sentirte cómodo con lo que ahora describirías como incómodo.

Veamos tres formas de malestar voluntario:

1. Pobreza temporal

Séneca recomienda dedicar unos días al mes a vivir en extrema pobreza: «Reserva de vez en cuando unos días durante los cuales te contentarás con la comida más simple y la ropa más áspera. Luego te preguntarás: ¿Es esto lo que tanto temía?».

Aquí tienes algunas ideas con las que puedes ser creativo: bebe solo agua durante un día. Come por menos de 3 euros al día durante una semana. Intenta ayunar durante uno o dos días. Usa ropa vieja y sucia. Pasa un mes con un presupuesto ajustado. Si eres duro, pasa una noche bajo un puente.

2. Ponte en situaciones incómodas

Tomemos como ejemplo a Catón el Joven. Era un senador de la República Romana tardía y un ávido estudiante de la filosofía estoica. Practicaba la incomodidad voluntaria como nadie. Se paseaba por Roma con ropa poco común para que la gente se riera de él. Caminaba descalzo y con la cabeza descubierta bajo el calor y la lluvia. Y se sometió a una dieta de racionamiento.

Tú también puedes hacer esas cosas. Por ejemplo, en invierno, no te pongas ropa interior a sabiendas de que vas a estar incómodo por el frío. Imagina que tu cama está llena de arañas y duerme una noche en el suelo. Imagina que no hay agua caliente y dúchate con agua fría. Imagina que tu coche no funciona y utiliza el transporte público.

En el ejército practican este tipo de entrenamiento y dicen: «Si no llueve, no es un entrenamiento». Ve a correr cuando esté lloviendo.

3. Renuncia voluntariamente a los placeres

En lugar de ponerte en situaciones incómodas, puedes renunciar a los placeres. Deja pasar la oportunidad de comerte una galleta, no porque no sea saludable, sino para mejorar tu autocontrol y experimentar incomodidad. No mires el partido de tu equipo favorito. O no vayas de fiesta con tus amigos.

Esto puede parecer contrario al placer, pero en realidad te está entrenando para convertirte en una persona capaz de hacer lo que otros temen hacer y de resistirte a hacer lo que otros no pueden resistir.

Recuerda que Epicteto dice que debes someterte a un duro entrenamiento invernal para convertirte en quien quieres ser. Entrénate ahora, cuando todavía es fácil, y estarás preparado para cuando sea difícil.

Una vez más, no se trata de castigarte; se trata de ampliar tu zona de confort, de sentirte más cómodo en situaciones incómodas y de mejorar tu autodisciplina, tu capacidad de recuperación y tu confianza. Te entrenas para hacer las cosas que son difíciles. Y te entrenas para decir que no a las cosas a las que te cuesta renunciar.

Por último, no se trata de eliminar todas las comodidades de tu vida. Mantén todas las comodidades que quieras (una cama cómoda, comida suculenta, duchas calientes, ropa de abrigo), pero prescinde de ellas de vez en cuando.

Práctica 9

....

Prepárate para el día:
La rutina matutina estoica

«Al amanecer, dite a ti mismo: me voy a tropezar
con un indiscreto, un desagradecido, un insolente,
un envidioso, un insociable. Todo esto les sucede
por su ignorancia del bien y del mal.»

MARCO AURELIO

Una de las rutinas más recomendadas por los estoicos es tomarse tiempo para mirar hacia dentro, examinarnos y reflexionar. ¿Los mejores momentos para hacerlo? Por la mañana, después de levantarse, y por la noche, antes de acostarse.

Epicteto aconseja planear el día por la mañana, y luego revisar el progreso por la noche. Al amanecer, debemos hacernos varias preguntas:

- ¿Qué me falta para conseguir liberarme de las emociones negativas?
- ¿Qué necesito para alcanzar la tranquilidad?
- ¿Qué soy yo? Un ser racional.

La idea es mejorar cada día. Acercarnos un poco más a nuestros objetivos. Además, debemos recordar nuestra naturaleza racional para no identificarnos (en exceso) con nuestro cuerpo, nuestras propiedades o nuestra reputación. Es mejor aspirar a una mayor razón y virtud, y meditar sobre nuestras acciones.

Marco Aurelio propone recordar por la mañana «el precioso privilegio de estar vivo, respirar, pensar, disfrutar y amar». Y, como se ve en la cita que encabeza este capítulo, quiere que nos preparemos para encontrarnos con personas desafiantes a lo largo del día. (Ver Práctica 7: visualización negativa).

Hoy y todos los días puedes estar casi seguro de tropezarte con alguien que parezca idiota. La pregunta es: ¿estarás preparado para ello? Si te preparas por la mañana, es más probable que estés preparado para afrontar las interacciones difíciles con paciencia, perdón, comprensión y amabilidad.

Para que quede claro: no te preparas para estar en contra del mundo, te preparas para actuar razonablemente dentro de un mundo caótico en el que no todos están tan bien preparados como tú. Marco Aurelio recuerda además que las personas que se oponen a él son afines a él: «no de la misma sangre o semilla, sino de la mente y de una partícula divina». Y estos parientes no pueden perjudicarle y él no puede enfadarse con ellos, porque estamos hechos para la cooperación.

Séneca se recuerda a sí mismo la impermanencia de las cosas cada mañana: «El sabio empezará cada día con este pensamiento: "la fortuna no nos da nada que podamos poseer realmente". Nada, ya sea público o privado, es estable».

Todo lo que se ha conseguido durante el trabajo de años puede destruirse en pocos segundos. ¿Cuántas ciudades de Siria y Macedonia han sido engullidas por una sola sacudida sísmica? ¿Cuántas veces este tipo de devastación ha dejado a Chipre en ruinas?

«Vivimos en medio de cosas que han sido destinadas a morir. Mortales habéis nacido, a mortales habéis dado a luz. Cuenta con todo, espéralo todo.» *Memento mori* (recuerda que eres mortal). Esta preparación mental por la mañana te ayudará a centrarte en las cosas importantes y estarás preparado para afrontar las dificultades con calma, resistencia y paciencia.

Esperarlo todo y estar preparado para cualquier cosa, solo así podrás dar lo mejor de ti mismo en todo momento.

La preparación matutina es crucial si quieres mantener la calma y expresar tu yo más elevado aunque se desate la tormenta.

Modifica las rutinas matutinas de los estoicos a tu gusto; tal vez quieras diseñar un plan para el día o tal vez quieras darte a ti mismo una charla de ánimo, tal vez quieras hacer ejercicio, meditar o llevar un diario, y tal vez quieras cantar bajo la ducha. Siéntete libre, solo asegúrate de mantener una rutina matutina regular.

Recuerda siempre: «Mortales habéis nacido, a mortales habéis dado a luz. Cuenta con todo, espéralo todo».

Práctica 10

....

Revisa tu día: La rutina nocturna de los estoicos

«Yo hago uso de esta facultad y a diario defiendo ante mí mi causa. Cuando han retirado de mi vista la luz y se ha callado mi esposa, conocedora ya de mi costumbre, examino toda mi jornada y repaso mis hechos y mis dichos: nada me oculto yo, nada paso por alto. ¿Por qué razón, pues, voy a temer algo a consecuencia de mis errores, cuando puedo decirme: "Mira de no hacer eso más, por ahora te perdono."»

SÉNECA

Ensaya tu día por la mañana y revisa tus progresos por la noche. Al final de cada día, siéntate con tu diario y repasa: ¿Qué has hecho? ¿Qué has hecho bien? ¿Qué no te ha ido tan bien? ¿Cómo podrías mejorar?

Mantén una vigilancia constante sobre ti mismo y haz cada día una revisión personal. Como hizo Marco Aurelio con sus *Meditaciones*. Se sentaba a reflexionar sobre el día para obtener claridad personal, y escribía enteramente para sí mismo, no para el público. Y, sin embargo, lo leemos dos mil años después...

Séneca dice que si queremos que nuestra mente florezca, debemos mejorar haciéndonos preguntas como:

- ¿Qué mal hábito has corregido hoy?
- ¿Contra qué defecto te has posicionado?
- ¿En qué aspecto eres mejor?

Séneca compara este autoexamen con el hecho de defender su caso cada noche en su propio tribunal. Juzga sus acciones y trata de asegurarse de no volver a cometer los mismos errores. Un hombre bueno, dice, se alegra de recibir consejos, mientras que un hombre pobre de espíritu se molesta con cualquier orientación.

Epicteto aconseja hacerse preguntas similares antes de acostarse para revisar los actos. Además, pregunta qué deberes se han quedado sin hacer, para asegurarse de que los hace al día siguiente.

El autoanálisis nocturno te ayudará a controlar tus emociones negativas porque inconscientemente sabes que serás juzgado por la noche. Así podrás disminuir tu ira y otras reacciones emocionales. Séneca dice que incluso dormirás mejor.

Y, lo que es más importante, esta rutina de reflexión mejorará tu atención a lo largo del día. La atención, como la llaman los estoicos, es un requisito primordial para practicar el estoicismo. Si quieres expresar tu yo más elevado en todo momento, debes ser consciente de tus acciones. De lo contrario, puedes tropezar y caer en la reactividad. Y si así fuera renunciarías a ser un filósofo porque no sabrías lo que haces. No tendrías ni idea de lo que haces.

Por eso las rutinas de reflexión diarias son cruciales en la filosofía estoica: si no sabes en qué te has equivocado, ¿cómo vas a mejorar como persona? Si no sabes cómo quieres comportarte en el mundo, ¿cómo puedes dar lo mejor de ti?

Por ejemplo, una tarde reflexionas sobre tu estúpida reacción en la carretera cuando otro conductor te cortó el paso y despotricaste contra él. Si eres lo suficientemente consciente, decides que la próxima vez que te encuentres en la misma situación, lo harás mejor y mantendrás la calma, la paciencia y la comprensión.

Esto es una obviedad. Tómate cinco minutos cada noche para recordar conscientemente los acontecimientos del día y revisar tus acciones. ¿Qué has hecho bien? ¿Qué no? ¿Te ha molestado algo? ¿Experimentaste ira, envidia, miedo? ¿Cómo podrías mejorar la próxima vez?

Si lo combinas con una rutina matutina, es la herramienta perfecta para mejorar: tu preparación mental, combinada con el autoanálisis, te proporcionará un aprendizaje y un crecimiento continuos. Además, te hará ser más consciente de tus acciones.

Personalmente, hago el ejercicio «bueno, mejor, mejor». Me hago tres sencillas preguntas:

- Bien: ¿Qué he hecho bien hoy?
- Mejor: ¿Cómo podría mejorar? ¿Qué podría hacer mejor?
- Óptimo: ¿Qué debo hacer si quiero ser la mejor versión de mí mismo?

Atención: Sé siempre amable y comprensivo contigo mismo. Muestra algo de autocompasión. Te esfuerzas al máximo, eso es todo lo que puedes hacer. Y aunque no te sientas bien, es normal, todo el mundo lucha y experimenta contratiempos. Tómatelo en serio: sé siempre amable contigo mismo.

Práctica 11

Ten presente un modelo a seguir:
Contemplar al sabio estoico

«"Es necesario proponernos como modelo algún hombre honrado y tenerlo constantemente delante de los ojos, a fin de vivir como si estuviese presente y hacerlo todo como si nos contemplase." Esto recomienda Epicuro, querido Lucilio; con razón nos ha dado el pedagogo y este observador, porque no se realizarían malas acciones si se tuviese un testigo cuando van a ejecutarse.»

SÉNECA

Los aspirantes a estoicos son personas ambiciosas y quieren expresar su yo más elevado en todo momento. Una estrategia que podemos utilizar es encontrar un modelo a seguir y medirnos con él. Los estoicos utilizaban a Zeus, Sócrates o el «sabio ideal» como modelo a seguir. Se preguntaban: «¿Qué haría el sabio?».

Ahora bien, el sabio estoico es el modelo ideal, aunque hipotético, de la filosofía estoica. Es absolutamente virtuoso, sabio y bueno, un ser humano perfecto. Su carácter es honorable y loable, y vive una vida fluida en perfecta armonía consigo mismo y con la naturaleza.

Este ideal ficticio nos da dirección, estructura y coherencia de nuestras acciones. Como queremos progresar como buenas personas, podemos compararnos con este ideal preguntándonos: «¿Qué haría el sabio?». Esto puede ayudarnos a tomar las mejores decisiones en situaciones difíciles.

Esta sencilla pregunta es útil porque hace una pausa entre el estímulo y la respuesta. Nos hace tomar conciencia de la situación, que es el primer paso hacia un cambio positivo. Preguntar qué haría el sabio nos hace ganar tiempo y evita que reaccionemos sin pensar. Nos permite permanecer al volante de nuestras acciones y elegir nuestra mejor respuesta posible.

Así que, en palabras de Séneca: «Elige a aquel de quien te agradó la conducta, las palabras y su mismo semblante, espejo del alma; tenlo siempre presente o como protector, o como dechado. Precisamos de alguien, lo repito, al que ajustar como modelo nuestra propia forma de ser: si no es conforme a un patrón, no corregirás los defectos».

Escucha a Séneca y ten siempre presente un modelo a seguir, no tiene por qué ser el sabio. Puedes elegir de quién aprender. Puede ser un ídolo como Roger Federer, un superhéroe como Batman, o simplemente una persona a la que admires, como tu madre o tu padre. Imagina que esta persona te observa constantemente a ti y tus acciones. Esto traerá más conciencia a tu vida diaria y te permitirá elegir tus acciones más conscientemente.

Aprende más sobre tu modelo a seguir, ya sea en persona o leyendo libros, escuchando *podcasts* o viendo películas. Tenlo siempre presente para dar lo mejor de ti. Puedes llevar un complemento que te lo recuerde, poner su fotografía en la mesilla de noche o guardar una cita suya en la cartera.

Aprender de los modelos de conducta es una forma poderosa de trabajar en tu virtud. También puedes modificar esta práctica preguntando de forma más general: ¿Qué haría la madre/el padre/el empleado perfecto? ¿Qué haría Jesús? ¿Qué haría Buda?

Además, dice Marco Aurelio, «examina con atención sus guías interiores e indaga qué evitan los sabios y qué persiguen».

Observa a los sabios y ten en cuenta las palabras de Séneca: «Sin una regla para hacerlo contra ti no se hará recto torcido» (y todos estamos torcidos).

Práctica 12

Aforismos estoicos:

Ten tus «armas» a mano

> «Los médicos tienen sus bisturís y otros instrumentos
> a mano, para emergencias. Mantén tu filosofía
> lista también.»
>
> MARCO AURELIO

Los estoicos a menudo resumían sus principios principales en declaraciones sucintas. Hemos encontrado algunos de ellos en este libro: Vivir con areté / vivir de acuerdo con la naturaleza / de todas las cosas, solo algunas están bajo nuestro control y otras no / indiferentes preferentes.

Son similares a máximas modernas como estas cosas suceden / las mentiras tienen las patas muy cortas / las acciones hablan más alto que las palabras.

Ahora bien, ¿por qué los estoicos utilizaban tales aforismos?

Sabían que nuestros pensamientos tiñen nuestro carácter. Como querían ser lo mejores posible, intentaban contrarrestar los pensamientos y juicios irracionales con creencias opuestas y racionales. Observaban que los pensamientos irracionales aparecían en sus mentes y querían estar preparados para poder sustituir esos pensamientos irracionales por otros más positivos y útiles.

Ahí es donde entraron en juego sus aforismos. Para tener creencias positivas listas en la mente, tuvieron que formular sus principios fundamentales de forma extremadamente sencilla y clara, precisamente para que fueran fáciles de recordar y permanecieran siempre accesibles a la mente. Solo así sus principios podían ser aplicables a la realidad caótica y rápidamente cambiante.

Estas afirmaciones lacónicas se utilizaban como recordatorios y ayudas en la vida cotidiana para guiar el comportamiento en caso de duda. Pueden considerarse como «armas» de la mente para combatir los pensamientos y juicios perturbadores. Marco Aurelio utiliza una comparación distinta: «Debes ser en tu trato con las creencias igual que el boxeador, no como el gladiador. En efecto, éste, si deja a un lado la espada que usa, está muerto; el otro siempre tiene su mano y no ha de hacer nada más que cerrar su puño».

Al igual que un boxeador con sus puños, intenta tener tus principios preparados en todo momento.

Es similar al *Enquiridión* de Epicteto: es un pequeño resumen de los principios más importantes de sus *Discursos*, y se traduce literalmente como «a mano», siempre disponible para ayudarte a enfrentar los desafíos de la vida.

Los estoicos estaban obviamente interesados en la práctica de sus principios, por eso trataron de comprimirlos en afirmaciones memorables que pudieran usarse cuando más se necesitaran, en el mundo real, cuando se tuviera que luchar. Querían progresar y aplicar en la vida real lo aprendido en el aula.

Así que, si te pareces a ellos, crea y memoriza esas afirmaciones de fácil acceso que te recuerdan cómo quieres comportarte en el mundo, y quién quieres ser. Pregúntate: ¿Cuáles son mis valores fundamentales? ¿Qué quiero defender?

Debes saber esto: las afirmaciones que formules serán armas indispensables en la lucha entre el intento de ser lo mejor posible y el fuego infernal de la realidad que se interpone. En última instancia, estas armas determinan la vida o la muerte: una vida feliz y fluida o una vida desgraciada e insatisfactoria.

Práctica 13

Desempeña bien los papeles
que te han asignado

«No olvides que eres actor en una obra, corta o larga,
cuyo autor te ha confiado un papel determinado. Y ya
sea este papel el de mendigo, príncipe, cojo o de simple
particular, procura realizarlo lo mejor que puedas. Porque
si, ciertamente, no depende de ti escoger el papel que
has de representar, sí el representarlo debidamente.»

Epicteto

Cada uno de nosotros tiene diferentes papeles que desempeñar:
ser humano, ciudadano del mundo, padre o madre, hijo o hija,
hermano o hermana, esposa o esposo, amigo o enemigo, profesor o alumno, vecino o extraño, joven o viejo. Algunos papeles
son naturales, como ser un ser humano, una hija o una hermana. Y otros son adquiridos, como ser esposa y maestra.

Estos roles no son iguales para todos. Aunque todos
seamos hijos, mi padre puede ser comprensivo y amable, y
el tuyo desalentador y agresivo. Así que nuestros papeles
son diferentes.

Ahora bien, cada uno de nuestros papeles tiene funciones específicas. Al igual que una actriz en una obra de tea-

tro, debes interpretar bien el papel que te ha tocado, aunque no te guste. Actúa de forma coherente con tu papel. Tienes la capacidad de usar la razón y eres libre de elegir tus acciones, por lo que eres capaz de desempeñar bien tu papel.

Estos papeles suelen estar relacionados entre sí. Si eres una hija, tu papel es ser una buena hija en relación con tus padres. El papel de tu madre en relación contigo es ser una buena madre. Su papel en relación con tu padre es ser una buena esposa.

Epicteto dice que si cumples con tus deberes hacia los demás, estás viviendo de acuerdo con la naturaleza, que es el camino directo hacia una vida feliz y fluida.

Céntrate en tu parte de las relaciones con los demás. Es posible que seas una gran hija, pero que tu padre no sea un gran padre y no desempeñe bien su papel. Eso no tiene nada que ver contigo. Te han dado el papel de hija y debes desempeñarlo bien. Solo puedes hacer tu parte de la relación. Eso es suficiente.

Cumple tus deberes como hija aunque tu padre no cumpla sus deberes como padre contigo. En última instancia, él se lo pierde, no tú. Se está haciendo daño a sí mismo al no vivir en armonía con la naturaleza. Si te hace daño, pagará el precio de una manera u otra. Puede que no lo veas en este momento, pero él pierde algo al no cumplir con sus deberes. «Nadie es malo sin pérdida ni castigo», dice Epicteto.

Pero si, en cambio, intentas herir a tu padre, entonces no cumples con tus deberes de hija y, como consecuencia, te perjudicas a ti misma. Pierdes una parte de tu carácter: la dulzura, la paciencia y la dignidad.

¿Te das cuenta? No, la pérdida de carácter no va acompañada de enfermedad o pérdida de posesiones. No te das cuenta de lo que has perdido: tu carácter amable, paciente y digno.

Esta es una idea estoica clásica: desempeña bien tu papel siendo lo mejor que puedes ser, concentrándote en lo que controlas y, en definitiva, siendo una buena persona.

«Reflexiona sobre los papeles sociales que desempeñas», aconseja Epicteto. «Después de esto, si eres senador de una ciudad, sabes que eres senador. Si eres joven, que joven; si eres anciano, que anciano; si padre, que padre. Pues siempre, al venir a cuento, cada uno de estos nombres indica las acciones correspondientes.»

Desempeña bien tu papel, aunque los demás no lo hagan.

Práctica 14

Elimina lo no esencial

«Pues la mayor parte de las cosas que decimos
y hacemos, al no ser necesarias, si se las suprimiese
reportarían bastante más ocio y tranquilidad.
En consecuencia, es preciso recapacitar personalmente
en cada cosa: ¿No estará esto entre lo que no es
necesario? Y no solo es preciso eliminar las actividades
innecesarias, sino incluso las imaginaciones. De esta
manera, dejarán de acompañarlas actividades superfluas.»

Marco Aurelio

Una cosa que es cierta es que el próximo instante nunca está garantizado. Y, sin embargo, muchas personas se pasan la vida ocupadas en cosas de poco valor, vagando sin rumbo fijo y sin dirección, haciendo lo que les resulta fácil: ver Netflix, charlar con los compañeros de trabajo o seguir las últimas noticias de los famosos.

No somos conscientes de los granos de arena que van cayendo en nuestro reloj vital. Tomamos decisiones al azar sin ningún tipo de objetivo, hasta que nos preguntamos dónde ha ido a parar nuestro tiempo.

No debemos dejar que eso ocurra. No sigamos actuando al azar. «Incluso las más insignificantes actividades deberían llevarse a cabo referidas a un fin», dice Marco Aurelio. Como aspirantes a estoicos, debemos elegir nuestras acciones con sabiduría, gastando nuestros granos de arena en lo importante, y dejar de desperdiciar nuestras vidas en asuntos triviales.

Desterremos lo no esencial de nuestras vidas de una vez por todas. Y centrémonos en cambio en lo esencial. Esta capacidad para dejar de lado lo superfluo y concentrarse en las cosas que importan es inmensamente poderosa. Descubre por ti mismo cuánto más puedes lograr si talas el bosque de lo intrascendente y te centras en el manantial de lo importante.

«Abarca pocas actividades [...] si quieres mantener el buen humor. [...] Porque este procedimiento no solo procura buena disposición de ánimo para obrar bien, sino también el optimismo que proviene de estar poco ocupado. Pues la mayor parte de las cosas que decimos y hacemos, al no ser necesarias, si se las suprimiese reportarían bastante más ocio y tranquilidad», dice Marco Aurelio. «Menos es más.»

Pregúntate: «¿Qué es lo más importante en mi vida?».

Cuando sepas cuáles son esas cosas, tienes que priorizarlas. Y eliminar lo que no ha entrado en la lista. Así ganarás tiempo y tranquilidad. Como todo el mundo, tienes 24 horas al día. Y tú eliges cómo pasar esas horas.

El sabio estoico encuentra claridad en lo esencial y siempre se centrará en ello. Es muy consciente de que cada instante caen granos de arena que no pueden recuperarse.

Práctica 15

Olvídate de la fama

> «El hombre que se desvive por la gloria póstuma no
> se imagina que cada uno de los que se han acordado
> de él morirá también muy pronto; luego, a su vez,
> morirá el que le ha sucedido, hasta extinguirse todo
> su recuerdo en un avance progresivo a través de objetos
> que se encienden y se apagan.»
>
> MARCO AURELIO

Estamos mejor si somos indiferentes a la fama y el estatus social. Después de todo, no está bajo nuestro control.

¿Qué piensan los demás de nosotros? No depende de nosotros. No debemos confundir el éxito exterior con lo verdaderamente valioso: la paciencia, la confianza, el autocontrol, la compasión, la perseverancia, el valor y la razón.

Al buscar estatus social, damos a otras personas poder sobre nosotros. Tenemos que actuar de forma calculada para que nos admiren, y debemos abstenernos de hacer cosas en su contra. Buscar la fama nos esclaviza.

Centrémonos más bien en lo que controlamos: nuestro comportamiento voluntario. Lo importante es ser lo mejor que podemos ser. Expresar nuestro yo más elevado en cada momento. No debemos buscar el agradecimiento o el reconocimiento por hacer lo correcto. Hacer lo correcto es una recompensa en sí misma.

«Cuando lo has hecho bien y otro se ha beneficiado de ello, ¿por qué, como tonto, buscas una tercera cosa: crédito por la buena acción o un favor a cambio?», se pregunta Marco Aurelio. En lugar de vincular nuestro bienestar a lo que piensen los demás, deberíamos vincularlo a nuestras propias acciones. Esto es lo único que controlamos.

Lo que importa es tu carácter y tu comportamiento. Así harás lo que es correcto y no lo que agrada a los demás. A menudo, son cosas muy diferentes. Obtén la satisfacción de ser lo mejor posible. Olvídate de perseguir la fama y los aplausos, céntrate en tu comportamiento virtuoso: actuar con razón, valor, justicia y autodisciplina.

La fama puede llegar como un plus por ser una buena persona. Pero no lo hagas por la fama: es incierta, efímera y superflua, como observa Marco Aurelio: «Reflexiona también sobre la vida por otros vivida tiempo ha, sobre la que vivirán con posterioridad a ti y sobre la que actualmente viven en los pueblos extranjeros; y cuántos hombres ni siquiera conocen tu nombre y cuántos lo olvidarán rapidísimamente y cuántos, que tal vez ahora te elogian, muy pronto te vituperarán; y cómo ni el recuerdo ni la fama, ni, en suma, ninguna otra cosa merece ser mencionada».

Prácticamente, las cosas cambian a medida que las miras, y luego se olvidan.

Seamos indiferentes a lo que los demás piensan de nosotros. Despreciemos tanto su aprobación como su desaprobación. Y centrémonos en lo que está en nuestro poder: nuestras acciones bien intencionadas. Hacer lo correcto es una recompensa en sí misma. Busquemos la satisfacción en eso.

Práctica 16

Como un minimalista: Vivir con sencillez

> «¿No es la última locura y el error más grande tener tanta avidez cuando se tiene tan poca capacidad?»
>
> SÉNECA

¿Para qué sirve la ropa? Musonio Rufo aconseja vestirse para proteger el cuerpo, no para impresionar a los demás. Buscar lo necesario, no lo extravagante. Lo mismo ocurre con nuestra casa y el mobiliario. Deben ser funcionales y hacer poco más que mantener fuera el calor y el frío, y resguardarnos del sol y el viento.

Séneca también dice que da igual que la casa esté construida con paja o con mármol importado: «sabed que al hombre lo protege igualmente la paja que el oro».

Los estoicos están a favor de un estilo de vida sencillo, que se limite a satisfacer nuestras necesidades. Y debemos tener siempre presente que las cosas materiales son indiferentes. Lo importante es cómo las manejamos. Por un lado, no debemos apegarnos a lo que se nos puede quitar. Como nos recuerda Marco Aurelio, «recibir sin orgullo, desprenderse sin apego».

No debemos acumular cosas. La mayoría son inútiles y superfluas. Vemos las cosas como si fueran gratuitas porque nos salen baratas o nos las regalan, pero nos cuestan mucho. Séneca señala que toda acumulación tiene un coste oculto.

Más no es siempre mejor. Lo gratis no siempre es gratis.

Y cuando hayamos experimentado el lujo, anhelaremos aún más. Conseguir cosas no nos hará felices, y querremos más y más para saciar nuestra sed. Sin embargo, como observa Epicteto, «la libertad no se consigue con la saciedad de lo deseado, sino con la supresión del deseo».

La verdadera riqueza reside en querer menos. Dice Séneca: «Ninguna persona tiene el poder de tener todo lo que quiere, pero está en su poder no querer lo que no tiene, y poner alegremente en buen uso lo que tiene». Nuestro objetivo debe ser «estrechar nuestros patrimonios para estar menos expuestos a las injurias de la fortuna».

Tengamos en cuenta que vivir según valores como el respeto mutuo, la confianza y el autocontrol es más valioso que la riqueza o el éxito externo. Nunca debemos comprometer nuestro carácter para hacernos ricos. Ser una buena persona es el mayor bien que existe. Y es todo lo que se necesita para vivir una vida feliz y plena.

¿Pero qué pasa si eres rico como lo fueron Séneca y Marco Aurelio? En primer lugar, la riqueza debe llegar por medios honorables y gastarse con honor, dice Séneca, y añade: «Pues el hombre sabio no se considera indigno de los regalos de las manos de la Fortuna: no ama la riqueza, pero prefiere tenerla; no la deja entrar a su corazón, solo a su hogar; y aquella riqueza que es suya no la rechaza sino que se le queda, deseando que brinde mayor espacio para que practique la virtud».

La riqueza suele ser un extra que nos llega si actuamos bien y expresamos nuestro yo más elevado. Y, si la obtenemos, debemos aceptarla sin orgullo pero también sin aferrarnos a ella. Es bueno tenerla y puedes disfrutarla, pero debes estar preparado para perderla. Tenerla o no tenerla no debería suponer ninguna diferencia. Séneca dice además: «Así las riquezas lo conmueven y alegran como al navegante un viento propicio y favorable, o un día bueno y un lugar soleado en el frío del invierno».

La idea es poder disfrutar de algo y al mismo tiempo ser indiferente a ello. Así que acepta ese viento favorable cuando lo tienes, pero sé indiferente o incluso feliz si no lo tienes. En última instancia, la realidad es buena tal y como es: tanto los vientos favorables como las tormentas.

«La filosofía estoica pide una vida sencilla, no una penitencia», como dice el autor William Irvine. No pide renunciar a la riqueza. Pide, sin embargo, usarla con cuidado y tener en cuenta que solo es un préstamo de la Fortuna y que nos puede ser arrebatada en cualquier momento.

(Como nota al margen: los filósofos estoicos no tenían la misma opinión sobre esta cuestión; Musonio Rufo y Epicteto pensaban que la vida lujosa debe evitarse por completo porque nos corrompe, mientras que Séneca y Marco Aurelio pensaban que es posible vivir en un palacio sin corromperse).

Práctica 17

Recupera tu tiempo: Elimina las noticias y otras pérdidas de tiempo

«Es esencial que recuerdes que la atención que le des
a cualquier acción debe ser proporcional a su valor,
pues entonces no te cansarás y te rendirás,
si no te ocupas de cosas menores más allá de lo que
se debe permitir.»

MARCO AURELIO

El tiempo no se puede recuperar. Cuando el grano de arena se ha deslizado por el reloj de nuestra vida, se ha ido para siempre.

A pesar de su valor, la gente entrega su tiempo libremente a cualquiera que pase por allí, a pantallas de cualquier tipo y otras actividades no esenciales. «Somos muy tacaños con la propiedad y el dinero, pero pensamos muy poco en perder el tiempo, lo único en lo que todos deberíamos ser los avaros más duros», dice Séneca.

No gastemos nuestro tiempo en cosas que no tienen importancia. Porque cuanto más tiempo dedicamos a algo, más importancia le damos. Al mismo tiempo, lo que verdaderamente importa (la familia, los amigos, los compromisos, expresar nuestro yo más elevado) se vuelve menos importante porque le dedicamos menos tiempo.

Al dedicar tiempo a algo, le das importancia.

Debemos ser conscientes de en qué se nos va el tiempo. ¿La forma más sencilla de averiguarlo? Medir el tiempo.

Tenemos que establecer prioridades y dedicar la mayor parte de nuestro tiempo a lo importante. Tenemos que decir no a las cosas no esenciales. Debemos renunciar a cosas que hemos estado haciendo durante mucho tiempo, sin saber que no importan mucho. Que hayamos estado haciendo algo durante toda nuestra vida no significa que lo necesitemos. Escucha a Séneca: «Hasta que hayamos comenzado a vivir sin ellas, no nos damos cuenta de lo innecesarias que son muchas cosas. *Las hemos estado usando no porque las necesitáramos sino porque las teníamos.* [...] Una de las causas de nuestros vicios es que vivimos imitando a otros, no dirigiéndonos la razón, sino arrastrándonos la costumbre».

Utiliza la razón y no las convenciones para elegir a qué dedicar tu tiempo. Lo primero que hay que eliminar son las noticias. «Solo hay una manera de alcanzar la felicidad y es dejar de preocuparse por cosas que están más allá del poder o de nuestra voluntad», dice Epicteto. Las noticias consisten en preocuparse por cosas que están fuera de nuestro control. Si quieres progresar como persona, saltarte las noticias es la mejor forma de empezar. Tenemos una cantidad limitada de tiempo y energía, y los estoicos no gastan su tiempo en las noticias.

«Si quieres ser mejor, acepta que te consideren extravagante y tonto respecto de las cosas externas. No pretendas hacer creer que lo sabes todo.» Epicteto nos recuerda que está bien parecer despistado en asuntos no esenciales, como el último escándalo de un famoso o saber quién ha ganado la liga.

Mira, los medios de comunicación lo transmiten todo como si fuera súper importante. Pero mañana ya nadie hablará de lo que hoy es un escándalo... Seamos conscientes de que no todos los titulares son importantes, no nos perderemos nada. Al contrario, corremos el riesgo de perder el tiempo, como observa Séneca: «No tenemos un tiempo escaso, sino que perdemos mucho. La vida es lo bastante larga y para realizar las cosas más importantes se nos ha otorgado con generosidad, si se emplea bien toda ella. Pero si se desparrama en la ostentación y la dejadez, donde no se gasta en nada bueno, cuando al fin nos acosa el inevitable trance final, nos damos cuenta de que ha pasado una vida que no supimos que estaba pasando».

No dejes que eso ocurra. Elige activamente en qué gastar tu tiempo y energía. No solo las noticias te roban tiempo, otros ladrones de tiempo también son peligrosos.

Los videojuegos, las series de televisión, los vídeos de trompazos divertidos y otras actividades superficiales son las más comunes. Todos somos culpables y los estoicos no nos piden que los eliminemos por completo, sino que seamos conscientes del paso del tiempo y lo gastemos con cuidado.

Asegúrate de no llegar a ser ese anciano cuya edad solo es perceptible por las canas y las arrugas y no por haber vivido una larga vida. Recupera tu tiempo y protégelo como una madre protege a su hijo. Céntrate en las cosas que importan y deja de perder el tiempo en cosas que no importan.

Séneca dice la última palabra al respecto: «Aun cuando nos quedase una larga vida habría que administrarla con sobriedad para que cubriese las necesidades. De hecho, ¡qué locura supone aprender lo superfluo, siendo el tiempo tan escaso!».

Práctica 18

Ganar en lo importante

«Tú, es verdad, administras las cuentas del mundo
entero tan fielmente como las ajenas, tan
esmeradamente como las tuyas, tan escrupulosamente
como las públicas. Logras simpatías en unas funciones
en las que evitar el odio es difícil; pero sin embargo,
créeme, es mejor saber las cuentas de la propia vida
que las del trigo público.»

SÉNECA

Su suegro perdió el trabajo como responsable del granero de Roma cuando Séneca le envió este recordatorio de que no era para tanto.

¿A quién le importa? Dice Séneca, ahora puedes dedicar tu tiempo a lo verdaderamente importante: «En esta clase de vida te aguardan muchas habilidades nobles, el amor y la práctica de las virtudes, el olvido de los deseos, la ciencia de vivir y morir, un hondo descanso de todo».

Es más importante entender el balance de la propia vida que el del mercado del maíz, la bolsa o nuestro negocio.

¿Pero qué hacemos? Invertimos nuestro tiempo en mejorar en las aptitudes necesarias para nuestro (futuro) trabajo, y nuestro tiempo de ocio en actividades sin sentido para anestesiarnos.

Nos convertimos en expertos en series de fantasía, videojuegos, deportes, noticias de famosos y trabajos que no conllevan ningún esfuerzo, sin saber que ninguna de estas cosas nos enseñará nada sobre cómo escuchar a nuestros amigos, cómo ser autodisciplinados o qué hacer con la ira o el dolor.

Confundimos mejorar en lo material con aprender a vivir y a ser una buena persona.

«Cuando termine tu vida en este planeta», pregunta Ryan Holiday, «¿qué experiencia va a ser más valiosa: tu comprensión de los asuntos relacionados con la vida y la muerte o tus conocimientos sobre la liga de fútbol? ¿Qué ayudará más a tus hijos: tu visión de la felicidad y su significado, o que hayas seguido las noticias políticas de última hora cada día durante treinta años?».

Vaya, está claro qué es más valioso, ¿verdad? Así que utilicemos este conocimiento, establezcamos las prioridades correctas y asegurémonos de invertir en lo que realmente importa.

No hay nada más difícil de aprender que a vivir, dice Séneca. Ya es hora de empezar. Olvídate de aprobar los exámenes, de ascender en tu carrera o de saberlo todo sobre las criptomonedas: ¿de qué sirve ganar en esas cosas y perder en el juego de ser una buena madre, una buena hermana y una buena amiga?

Mira, definitivamente hay tiempo y espacio para esas cosas, pero no a costa de mejorar como persona. Acabamos de decidir que esto es lo más valioso.

No envidies a los colegas que brillan en la oficina, ya que su éxito se produce a costa de su vida. El padre que echa ochenta horas a la semana puede ser un héroe en el trabajo, pero probablemente descuida a su mujer, a su hijo y su salud.

Tener éxito es un concepto amplio. Ese padre puede haber sido el mejor empleado del mes durante medio año, pero en este tiempo nunca ha escuchado a su esposa, nunca ha ido a los partidos de fútbol de su hijo y siempre ha estado de mal humor por la falta de sueño.

De nuevo, ¿qué sentido tiene ser el primero en tu trabajo pero el último en la tarea de ser un buen marido y un buen padre?

Mejoremos en lo importante. Aprendamos a lidiar con los pensamientos depresivos, a saber escuchar, a mantener la calma ante la adversidad y a cumplir como cónyuges, padres y amigos.

Esta es la transformación interior que nadie conoce. Y es mucho más importante que la superficial transformación exterior. Lo que eres realmente en tu interior es mucho más importante que lo que la gente cree que eres.

Tu activo más valioso es tu carácter. Te ayudará a ganar en lo importante.

Práctica 19

Conviértete en un eterno estudiante

«El ocio sin estudio es muerte, una tumba
para una persona viva.»

SÉNECA

Como aspirante a filósofo estoico, eres por definición un amante de la sabiduría. Te encanta aprender sobre cómo vivir: eres un buscador de sabiduría.

Recuerda que los estoicos se veían a sí mismos como verdaderos «guerreros de la mente»: aprendían a vivir y, lo que es más importante, lo ponían en práctica. Epicteto enseñaba a sus estudiantes a contemplar sus vidas como si estuvieran en una fiesta, la fiesta de la vida.

Esta metáfora transmite un sentimiento de gratitud hacia la vida, porque nos recuerda que pronto llegará a su fin. Además, ver la vida como un festival nos ayuda a alejarnos de la confusión de una forma distante, como si contempláramos una fiesta muy concurrida y caótica.

Ahora, como filósofos, debemos intentar estudiar la fiesta antes de abandonarla, y absorber todo el conocimiento posible. Es nuestro deber progresar a medida que se celebra el festival. Día tras día. Como dice Séneca, «el ocio sin estudio es muerte».

«Asegúrate de disfrutar de tu descanso como un poeta: no de forma ociosa, sino activa, observando el mundo que te rodea, asimilándolo todo, comprendiendo mejor tu lugar en el universo», como dice Ryan Holiday. «Tómate un día libre del trabajo de vez en cuando, pero no del aprendizaje.»

No solo debemos dedicar los momentos de ocio al aprendizaje, sino que debemos buscar tiempo para hacerlo. Para eso estamos aquí. Para buscar la sabiduría que nos mejore a nosotros mismos, para crecer, para aprender a ser un buen padre, un buen cónyuge y un buen amigo.

«La educación (el conocimiento), como el oro, se valora en todas partes», dice Epicteto.

No tienes excusa. Hoy es más fácil que nunca aprender algo nuevo cada día. El conocimiento abunda en Internet. Los libros son baratos y te llegan a tu sillón de lectura. Podemos aprender de las personas más inteligentes que han existido por unos pocos euros.

Como ávido estudiante, ten en cuenta dos cosas:

1. **Sé humilde:** Como dice Epicteto: «Es imposible comenzar a aprender lo que uno piensa que ya sabe». Y Marco Aurelio añade: «Si alguien demuestra que estoy equivocado, contento cambiaré de proceder».

2. **Ponlo en práctica:** No te conformes con el mero aprendizaje, advierte Epicteto, «porque a medida que pasa el tiempo nos olvidamos de lo que aprendimos y terminamos haciendo lo contrario». Como guerreros mentales, debemos salir y experimentar lo que hemos aprendido.

Práctica 20

....

¿Qué tienes que mostrar con tus años?

«Nadie aprecia el tiempo; se le maneja con soltura,
como si fuera gratuito. Ahora bien, ésos mismos
¡mira cómo cuando enferman, si hay de verdad peligro
de muerte, se postran suplicantes ante los médicos,
cómo si temen la pena de muerte, están dispuestos
a gastar todo lo que tienen con tal de seguir vivos!
¡Tan grande es en ellos la disparidad
de sus sentimientos!»

SÉNECA

Olvidamos que somos mortales.

Vivimos como si fuéramos a vivir para siempre. Hasta que nos damos cuenta de que no es así. Y es entonces cuando deseamos haber empezado antes a vivir de verdad.

La gente está dispuesta a darlo todo para seguir viva. Pero cuando están vivos, malgastan su tiempo. Sin ser conscientes de que se acabará en cualquier momento.

«Vivís como si fuerais a vivir siempre, nunca reparáis en vuestra fragilidad, no calculáis cuánto tiempo ha pasado ya para vosotros; como si sacarais del total y sobrante lo perdéis, cuando a las veces ese día precisamente que se le dedica a alguien o a algún negocio sea acaso el último.

Todo como mortales lo teméis, todo como inmortales lo anheláis», dice Séneca.

Esta última frase, que dice que actuamos como mortales en todo lo que tememos y como inmortales en todo lo que deseamos, ha sido muy importante para mí. He corrido muchos riesgos. He creado un negocio, he dejado un trabajo fijo, lo he vendido todo, me he mudado al extranjero y he intentado escribir un libro.

Y todavía siento que el miedo me frena. Y todavía siento que tendré tiempo de sobra para hacer todo aquello que quiero hacer. Supongo es humano.

Pero, si somos conscientes de ello, si conocemos esta tendencia a comportarnos como si fuéramos a vivir eternamente, podemos recordarnos nuestra mortalidad, podemos contrarrestarla, incluso hacer aquello que nos da miedo y asegurarnos de llenar nuestros años de grandes experiencias.

No se trata de dejar de jugar a videojuegos, de no ver la televisión, de no trabajar a tiempo completo... Se trata de la conciencia y el propósito que ponemos en estas cosas. Podemos decidir dedicar el tiempo a aquello que creemos que merece la pena.

Pero preguntémonos: ¿Pasamos nuestro tiempo con lo que creemos que es correcto? ¿O vamos a ser como esa persona que va al médico a llorarle, dispuesta a darle todo lo que tiene por unos meses más de vida?

¿Vamos a ser esa persona que no está preparada para morir cuando llegue el momento? ¿A pensar que hay muchas más cosas que nos hubiera gustado hacer en nuestro tiempo de vida? ¿Llenos de remordimientos por lo que nos hemos perdido?

Si miras ahora tu vida, ¿has vivido lo suficiente? ¿Qué puedes mostrar de tus años? ¿Quieres experimentar algo más? ¿Quién quieres ser en esta vida?

Quiero asegurarme de que puedo mirar atrás y decir: «Sí, lo aproveché al máximo. He vivido bien. Saboreé cada gota de mi vida». No se trata de trofeos ni de estatus, sino de progresar como persona, de crecer como ser humano maduro, de prosperar en mis profundos valores de calma, paciencia, justicia, bondad, perseverancia, humor, valor y autodisciplina.

El mejor yo posible lo veo en mi imaginación: quiero pasar mis días viviendo de acuerdo con este ideal, tratando de ser lo mejor posible, para acercarme a él tanto como pueda.

Quiero aprovechar al máximo mis horas de vigilia. Soy consciente de que la vida me puede ser arrebatada en un instante.

Los estoicos dicen que no se trata de los años que se viven, sino de cómo se viven esos años. Como dijo Catón el Joven de forma hermosa: «El valor de la salud se mide por la duración, mientras que la virtud se aprecia por la oportunidad».

«Puede acontecer, más aún, acontece con muchísima frecuencia, que haya vivido poco quien ha vivido largo tiempo», añade Séneca.

Asegurémonos de emplear nuestro tiempo sabiamente para poder mirar atrás con una sonrisa de satisfacción y no con un suspiro de arrepentimiento.

Práctica 21

Haz lo que hay que hacer

«En el amanecer, cuando tienes problemas para levantarte de la cama, dite a ti mismo: Tengo que ir a trabajar, como ser humano. ¿De qué me puedo quejar, si voy a hacer aquello por lo cual nací, las cosas por las cuales vine al mundo? ¿O acaso para esto fui creado, para resguardarme bajo las sábanas y quedarme abrigado? ¿Así que naciste para sentirte "bien"? ¿En vez de hacer las cosas y experimentarlas? No ves a las plantas, los animales, los pájaros, las hormigas, las arañas y las abejas realizando sus tareas individuales, poniendo orden al mundo, de la mejor forma que pueden? ¿No estás dispuesto a hacer tu trabajo como ser humano? ¿Por qué no estás apresurándote a hacer lo que tu naturaleza te pide?»

Marco Aurelio

Incluso Marco Aurelio, que tanto nos está enseñando, solía tener dificultades para levantarse por la mañana. Incluso él procrastinaba. Incluso él no se sentía bien todo el tiempo.

Pero trabajó en ello. Y se puso a hacer lo que tenía que hacer.

«No hemos nacido para el placer», dice. Basta con mirar a las plantas, los pájaros, las hormigas, las arañas y las abejas: se dedican a sus tareas. ¿Les oyes quejarse y lamentarse? No, hacen lo que tienen que hacer lo mejor que pueden. Día tras día.

¿Y nosotros, los seres humanos, no estamos dispuestos a hacer nuestro trabajo? Somos perezosos. Nos sentimos desmotivados. No tenemos ganas. Ciertamente hay tiempo para dormir y descansar, pero hay un límite. «Y tú estás por encima del límite», se recuerda Marco Aurelio a sí mismo. Pero aún no ha hecho todo su trabajo. Todavía está por debajo de su cuota.

Y nosotros también. Es hora de levantarnos y hacer lo que debemos. No viviremos eternamente, como nos recuerda Séneca: «¡Qué tarde es empezar a vivir justamente cuando hay que dejarlo! ¡Qué olvido de nuestra mortalidad tan estúpido aplazar los planteamientos sensatos para los cincuenta o los sesenta años y pretender empezar la vida en un momento al que pocos logran llegar!».

«Posponer las cosas es el mayor desperdicio en esta vida: atrapa cada día conforme viene y nos niega el presente, prometiendo el futuro. El mayor obstáculo para la vida es la expectativa, que cuelga del mañana y nos hace perder el hoy... El futuro descansa sobre la incertidumbre, así que vive ya», dice Séneca.

Así que vivamos de inmediato y no lo dejemos para más tarde.

«Basta ya de esta vida miserable, de refunfuñar y de hacer el mono.» Marco Aurelio nos muestra cómo asumir la responsabilidad de nuestras propias vidas. Él quiere estar al volante. Como emperador, necesita que las cosas se hagan.

Y nosotros también somos emperadores. ¡Emperadores de nuestras propias vidas! Sabemos intrínsecamente lo que hay que hacer. Solo que no tenemos ganas. Algo en nuestro interior nos frena. Sin embargo, debemos tener en cuenta que los que tienen éxito son los que hacen lo que hay que hacer, les apetezca o no.

Saben que son responsables de su propio crecimiento y eligen sufrir un poco cada día en lugar de hundirse cuando se dan cuenta de que no están haciendo ningún tipo de progreso.

Esto es autodisciplina. Esto es lidiar efectivamente con los sentimientos negativos que tratan de retenernos.

Reconoce tu resistencia interior y hazlo de todos modos. Eres lo suficientemente fuerte como para levantarte por la mañana aunque estés cansado. Eres lo suficientemente disciplinado como para resistirte a comerte esa galleta aunque te apetezca. Eres lo suficientemente valiente como para ayudar a un extraño aunque tengas miedo.

Es hora de ser la persona que quieres ser. Hoy, no mañana.

Al final, tenemos lo que nos merecemos. Deja de hacer el tonto, ¡vive inmediatamente!

7

Prácticas situacionales

¿Cómo lidiar con uno mismo cuando la vida se pone difícil?

Cuando la vida va bien, es fácil vivir según los principios estoicos. Es cuando la vida te da patadas y puñetazos cuando se hace mucho más difícil.

Como dijo Mike Tyson: «Todo el mundo tiene un plan hasta que le dan un puñetazo en la cara». Ahora bien, como aspirantes a estoicos, es precisamente en esos momentos cuando debemos mantener la calma, alejarnos de nuestros impulsos y elegir conscientemente la respuesta más inteligente.

Recuerda que lo importante no es lo que nos ocurre, sino nuestras reacciones ante ello. No nos perturba el acontecimiento en sí, sino nuestra interpretación del mismo.

La vida no es fácil. Está destinada a ser un reto y pondrá en tu camino cosas desagradables:

- Perderás lo que amas.
- Enfermarás.
- Te enfrentarás a decisiones vitales críticas.
- Tu taza favorita se romperá.

- Te sentirás deprimido y desgraciado sin ninguna razón.
- El mundo parecerá estar en tu contra.

La vida es dura. Las siguientes prácticas y estrategias te ayudarán a afrontarla con eficacia.

Práctica 22

Tu opinión te perjudica

«Si te afliges por alguna causa externa, no es ella
lo que te importuna, sino el juicio que tú haces de ella.
Y borrar ese juicio, de ti depende.»

MARCO AURELIO

No te molesta lo que ocurre, sino tu opinión sobre ello. Este
es un principio estoico clásico. La perturbación de tu mente
proviene de opinar que un evento externo es indeseable o
malo. A menudo en la forma de quejas, lamentos y gimoteos.

Tenlo en cuenta: la opinión es la única causa de una
mente perturbada.

El daño no proviene de lo que ocurre —una persona
molesta o una situación no deseada— sino de tu reacción
hacia ello. El daño proviene de tu creencia sobre el evento.
Así que, cuando alguien te presiona, no es esa persona
sino tu interpretación la que te hace daño.

Es tu opinión la que alimenta los sentimientos negativos.

Tu reacción decide si el daño se ha producido o no.
Marco Aurelio dice que tiene que ser así porque, de lo
contrario, otras personas tendrían poder sobre ti. Y eso no
está en la intención del universo. Solo tú tienes acceso a tu
mente, solo tú puedes arruinar tu vida.

Asume la responsabilidad. De lo contrario, este libro diría que eres un imbécil y que te va a ir mal pase lo que pase. Pero yo no tengo ese poder sobre ti. Si te perjudican mis palabras, es tu interpretación, no mis palabras, la que te perjudica.

Si lo pensamos, es una locura que la interpretación de un comentario tenga un poder tan inmenso. Es la diferencia entre una cara adornada por una sonrisa o empapada en lágrimas. Básicamente, tienes el poder de dejarte llevar por los insultos. Si interpretas esas palabras de forma positiva, obtendrás poder de ellas.

Es tu juicio el que te hace daño. Y es tu juicio el que te da poder. Recuerdo que una estrella del fútbol dijo algo así como: «Los silbidos y abucheos de la afición contraria cada vez que tomo el control del balón me motivan».

Mientras que otro jugador puede lesionarse y perder la concentración, éste se alimenta de ella.

Ahora, la próxima vez que te moleste algo, recuerda que es tu opinión sobre la situación la que te hace daño. Intenta eliminar la opinión y el dolor también desaparecerá. No juzgues el acontecimiento como bueno o malo, simplemente acéptalo tal como es y no saldrás perjudicado.

Es tu reacción la que muestra si has sido herido o no. Como dice Marco Aurelio: «Escoge no ser herido y no te sentirás herido, si no te sientes herido no serás herido».

Obviamente no es fácil, pero es bueno saberlo.

Solo intenta esto: no te quejes ni te lamentes ni gimotees.

Práctica 23

Cómo afrontar el duelo

«Mejor es, pues, vencer el dolor, que engañarle.»

Séneca

Un amigo mío se suicidó hace unos años. Todavía me cuesta entenderlo, pero he superado la pena que me acompañó durante mucho tiempo. Puede que conozcas este sentimiento. El estereotipo de los estoicos es que reprimen sus emociones, pero eso es erróneo. Su filosofía pretende lidiar con las emociones inmediatamente en lugar de huir de ellas.

De todos modos, huir es difícil, porque no podemos evitar sentirnos apenados cuando nos enteramos de la muerte repentina de un ser querido. Es como un reflejo emocional. «Atiende también a que no parezca flaco este dolor, que aunque la naturaleza quiere haya alguno, es mayor el que se toma por vanidad», dice Séneca.

Es necesario un poco de dolor. Según Séneca: «Guardemos, pues, tal temperamento que ni mostremos desamor ni locura, conservándonos en traje de ánimo amoroso y no enojado. Corran las lágrimas, pero tenga fin la corriente. Salgan gemidos de lo profundo del pecho, pero también tengan límite».

«Debemos dejar que las lágrimas fluyan, pero que también cesen. Y podemos suspirar profundamente siempre que nos detengamos en algún momento. Porque llega un momento en que las consecuencias de la pena son más dañinas que lo que la provocó», dice Marco Aurelio.

Como dice el dicho, si estás en un agujero, deja de cavar. Enfréntate a la emoción y sal del agujero. En algún momento ese sentimiento negativo se alimentará de sí mismo, como en un círculo vicioso. Te sentirás mal por seguir sufriendo y esto hará que te sientas peor, y así sucesivamente. Seguirás cavando y nunca encontrarás la salida del agujero.

Una cosa que podemos hacer es pensar en lo mal que estaríamos si nunca hubiéramos podido disfrutar de la compañía de la persona que falleció. En lugar de lamentar el final de su vida, podríamos estar agradecidos por los momentos que hemos vivido juntos. Esto puede entristecernos, pero también gratificarnos.

Para Séneca, la mejor arma contra el dolor es la razón, porque «si la razón no pusiere fin a nuestras lágrimas, cierto es que no se le pondrá la fortuna».

Por ejemplo, la persona por la que haces duelo, ¿habría querido que te torturaras con lágrimas? Si la respuesta es sí, esa persona no es digna de tus lágrimas y deberías dejar de llorar. Si la respuesta es no, y si la quieres y la respetas, entonces deberías dejar de llorar.

Recuerda también que las cosas no ocurren contra ti. Así que elimina tu sensación de haber sido agraviado. No es cierto. El universo no está en tu contra.

Esto es terriblemente duro en los momentos de gran dolor, pero realmente no es razonable llorar durante demasiado tiempo. La vida continúa. Además, como buenos estudiantes estoicos, ya nos preparamos para esto cuando hicimos la visualización negativa (Práctica 7) y contemplamos la impermanencia de las cosas (Práctica 4).

¿Qué hacer cuando otros se afligen?

Epicteto dice que debemos tener cuidado de no «contagiarnos» de la pena ajena. Debemos simpatizar con esa persona y, si es apropiado, incluso acompañar su llanto con el nuestro. Al hacerlo, hay que tener cuidado de no llorar interiormente.

«Debemos mostrar signos de dolor sin permitirnos experimentarlo», como dice William Irvine. Y continúa: «Si una amiga está de duelo, nuestro objetivo debe ser ayudarla a superar su dolor. Si podemos lograrlo llorando falsamente, hagámoslo. Al fin y al cabo, hacer nuestra su pena no la ayudará a ella, sino que nos perjudicará a nosotros».

En realidad no estarás «llorando falsamente» si compartes el sentimiento y estás a su lado, sino que estarás intentando ayudar sin ponerte tú mismo en peligro. No hay nada malo en ello, y quiero decir que no necesitas llorar a mares. Solo tienes que estar ahí y hacerle saber que la comprendes, y que no pasa nada por estar triste.

Es como cuando subes a un avión y te dicen: «Ponte primero la máscara de oxígeno». Porque no puedes ayudar a nadie cuando estás muerto, y no puedes ayudar a otros cuando estás tan apenado como ellos.

Práctica 24

Elige el coraje y la calma en lugar de la ira

«Recuerda en los momentos de cólera que no es viril irritarse, pero sí lo es la apacibilidad y la serenidad que, al mismo tiempo que es más propia del hombre, es también más viril; y participa éste de vigor, nervios y valentía, no el que se indigna y está descontento. Porque cuanto más familiarizado esté con la impasibilidad, tanto mayor es su fuerza.»

Marco Aurelio

La ira es una pasión, una emoción negativa que los estoicos quieren minimizar. El ensayo de Séneca *De la cólera*[11] es la mejor fuente de consejos estoicos sobre la ira.

La ira, el deseo de devolver el sufrimiento, es una locura temporal, dice Séneca. Porque un hombre enfadado carece de autocontrol, se olvida del parentesco, es sordo a la razón y al consejo, se excita por nimiedades y no sabe lo que es verdadero o falso, «pareciéndose a esas ruinas que se rompen sobre aquello mismo que aplastan».

---

11. Alianza Editorial, Madrid 2017.

Enfadarse es lo que más daño hace. Y el daño es enorme: «Ninguna plaga ha costado más a la raza humana». Por eso el mejor plan es rechazar enseguida los primeros signos de ira y resistirse a que empiece. Porque una vez que nos dejamos llevar por la ira, la razón no cuenta para nada, la cólera hará lo que quiera y será difícil apagarla.

Aunque no podemos controlar nuestra reacción inicial, si conseguimos ser lo suficientemente conscientes podremos decidir seguir o no. La ira, pues, es una forma de opinión. Interpretamos la situación de forma que decidimos que está bien enfadarse.

Pero «¿de qué sirve la ira?», se pregunta Séneca, «cuando se puede conseguir lo mismo con la razón».

La ira es propensa a la imprudencia. La razón es más confiable porque es considerada y deliberada. «Mal colocada está la espada en la mano de un iracundo.»

La ira no es útil, «ninguno es animoso antes sin ella. Así pues, no viene en auxilio del valor, sino a reemplazarle». Podemos encontrar suficiente estímulo sin ira, usando en su lugar los valores adecuados, como el amor, la compasión, la justicia y el coraje.

En lugar de dejarnos llevar por una ira peligrosa e imprevisible, nos motivan los valores intrínsecos y elegimos deliberadamente hacer lo correcto.

«Al que yerra por los campos por no conocer la calzada es mejor acercarlo al camino bueno, no alejarlo.» Séneca hace esta hermosa comparación. Dice que no debemos perseguir a las personas que han perdido el rumbo y se equivocan en sus acciones, sino mostrarles el camino correcto. En lugar de reaccionar a la ira con ira, es mejor que elijamos un camino más sensato y compasivo, y tratemos de ayudarles.

En lugar de enfadarte impulsivamente, respira profundamente y elige deliberadamente mantener la calma. Esta calma no solo debilitará a la desgracia, sino que también te capacitará para actuar de forma justa y valiente. Como dice Marco Aurelio: «Porque cuanto más familiarizado esté [un hombre] con la impasibilidad, tanto mayor es su fuerza».

En general, no debemos dar a las circunstancias el poder de provocar ira. A las circunstancias no les importa en absoluto. Es como enfadarse con algo mucho más grande que nosotros. Es como tomarse como algo personal algo que no se preocupa por nosotros. Las cosas no suceden contra nosotros, simplemente suceden.

Enfadarse con una situación no tiene ningún impacto en la situación. No la cambia, no la mejora. A menudo, lo que nos enfada no nos perjudica realmente, y nuestro enfado durará más que el daño que nos han hecho.

Somos tontos cuando permitimos que nuestra tranquilidad se vea alterada por nimiedades. Por eso Marco Aurelio recomienda contemplar la impermanencia del mundo que nos rodea. Lo que nos enfada ahora lo habremos olvidado mañana.

Cuando estés enfadado, dice Séneca, toma medidas para convertir las instrucciones de la ira en sus contrarios: oblígate a relajar tu rostro, respira profundamente, suaviza tu voz y disminuye el ritmo de tu marcha; tu estado interno pronto se parecerá a tu estado externo, relajado.

También puedes intentar describir la situación que te hace enfadar de la forma más desapasionada y objetiva posible, explica Epicteto. Esto te hará ganar tiempo y te ayudará a ver la situación con mayor distancia.

Y dice que debemos tener siempre presente que no es la situación la que nos perjudica, sino nuestra interpretación sobre ella. «Cuando alguien entonces, te ofenda e irrite, sábelo que no es ese alguien quien te irrita, sino tu opinión.»

Así que, en lugar de estar enfadado todo el tiempo y atormentar a quienes te rodean, «¿por qué no has de procurar más bien hacerte amar durante tu existencia y lamentar después de tu muerte?», pregunta Séneca.

Práctica 25

Vencer el miedo con preparación y razón

> «A menudo estamos más asustados que heridos, y
> sufrimos más en nuestra imaginación que en la realidad.»
>
> SÉNECA

Aquello que tememos no acostumbra a llegar a ocurrir realmente. Pero las consecuencias de nuestro miedo imaginario sí que son reales. Nuestros miedos nos frenan, nos paralizan por algo que no es real.

Los estoicos conocen el peligro del miedo. El sufrimiento que produce nuestro miedo palidece en comparación con el daño que nos hacemos nosotros mismos al tratar de evitar ciegamente aquello que tememos.

La causa principal del miedo, dice Séneca, es que «en lugar de adaptarnos a las circunstancias presentes, enviamos nuestros pensamientos demasiado adelante». Es una proyección hacia el futuro de algo que no controlamos y que nos produce una peligrosa preocupación.

Queremos algo que no está bajo nuestro control, como explica maravillosamente Epicteto: «Cuando veo a un individuo angustiado, me digo: "¿Qué querrá éste?". Si no quisiera algo de lo que no depende de él, ¿cómo iba a estar angustiado? Por eso el citaredo no se angustia cuando canta solo, pero sí al entrar en el teatro, aunque tenga muy hermosa voz y toque bien la cítara. Porque no solo quiere cantar bien, sino también gozar de buena fama, y eso ya no depende de él».

Tenemos miedo porque queremos lo que está fuera de nuestro control, o estamos demasiado apegados a algo que no está en nuestra mano conservar. Estamos apegados a las personas que amamos y tememos perderlas. Estamos apegados a la seguridad de un salario fijo. Y deseamos cosas que no tenemos el poder de conseguir.

Debemos dejar de apegarnos a las cosas externas y a los deseos de cosas que no están bajo nuestro control. Porque la falta de control conduce al miedo.

El que no desea nada fuera de su control no puede tener ansiedad.

«El hombre que ha anticipado la llegada de los problemas les quita el poder cuando llegan», dice Séneca. Por eso es tan importante prepararse para cuando aparezcan las situaciones difíciles.

Anticiparse a las calamidades no es amargarnos el momento presente, sino optimizarlo. Tendremos menos miedo a las cosas que puede que no ocurran nunca. Los estoicos piensan que el mejor camino hacia la libertad es imaginar lo que tememos tal y como va a suceder y examinarlo en nuestra mente, hasta que podamos verlo con desapego.

La forma habitual de enfrentarse al miedo es esconderse de él e intentar pensar en otra cosa. Pero ésta es probablemente la peor técnica de todas. Si no le miras a la cara, el miedo crece.

La forma adecuada de enfrentarse a lo que tememos es pensar en ello de forma racional, con calma y a menudo, hasta que se convierta en algo familiar. Te aburrirás de tus miedos, y tus preocupaciones desaparecerán. Al enfrentarte a tus miedos, ya sea en la imaginación o en la realidad, reduces el estrés causado por esos miedos.

Marco Aurelio tiene otra forma de enfrentarse al miedo: «Vuelve en ti y reanímate, y una vez que hayas salido de tu sueño y hayas comprendido que te turbaban pesadillas, nuevamente despierto, mira esas cosas como mirabas aquellas».

Lo que temes suele ser producto de tu imaginación, no de la realidad. Tienes miedo de algo no porque la realidad sea mala, sino porque crees que puede llegar a serlo. La mayoría de las personas que tienen miedo a las arañas nunca han sido atacadas por una. ¿Qué es lo que temen?

Tememos en nuestra imaginación. Es como un sueño. En lugar de seguir sin pensar en ello, debemos detenernos y preguntarnos racionalmente: «¿Tiene esto algún sentido?».

Estamos creando nuestras propias pesadillas. Por eso debemos despertar y detener esta locura. Tenemos miedo de simples sueños. Lo que causa el miedo no es real, pero las consecuencias sí que lo son y se interponen en nuestro camino. Nos obstaculizamos nosotros mismos.

No se pueden curar todos los miedos de una vez. Pero si conseguimos apegarnos menos a las cosas, darnos cuenta de que lo que tememos está en nuestra imaginación, y si nos enfrentamos a nuestros miedos aunque solo sea en nuestra imaginación, podremos superar la mayoría de nuestros miedos. Paso a paso.

Práctica 26

....

La culpa es de las expectativas

«Amargo es el pepino. Tíralo. Hay zarzas en el camino.
Desvíate. ¿Basta eso? No añadas: "¿Por qué sucede eso
en el mundo?". Porque serás ridiculizado por el hombre
que estudia la naturaleza, como también lo serías por el
carpintero y el zapatero si les condenaras por el hecho de
que en sus talleres ves virutas y recortes de los
materiales que trabajan.»

Marco Aurelio

Nos enfadamos, nos entristecemos o nos decepcionamos porque la realidad no cumple nuestras expectativas. Nos sorprendemos porque las cosas no son como nos gustaría.

Cuando te sientas frustrado, no culpes a otras personas ni a los acontecimientos externos, sino a ti mismo y a tus expectativas poco realistas. Vuelve a centrarte en ti mismo, recuerda que hay que asumir la responsabilidad.

La única razón por la que nos irritamos por nimiedades, según Séneca, es porque no las esperábamos. «Esto es efecto de excesivo amor propio: consideramos que debemos ser inviolables hasta para nuestros enemigos. Cada cual tiene en su interior pretensiones de rey, y quiere tener sobre los demás autoridad absoluta, sin conceder ninguna sobre él.»

Somos malcriados y pataleamos y gritamos como niños cuando el mundo no se pliega a nuestro punto de vista de reyes. Solo tenemos en mente lo que creemos que el mundo nos debe, y nos olvidamos de ser agradecidos por lo que tenemos la suerte de tener.

Nuestras expectativas y deseos excesivamente optimistas son las principales razones de nuestra ira y frustración. Por lo tanto, debemos ajustarlos más a la realidad para no sentirnos defraudados por el mundo. Como hemos visto antes, si solo deseamos lo que está bajo nuestro control, nunca podremos sentirnos frustrados, independientemente de las circunstancias.

Como aspirantes a estoicos, debemos intentar ver el mundo tal y como es realmente, en lugar de exigir que se ajuste a nuestras expectativas. Debemos recordar cómo es el mundo, qué podemos esperar encontrar en él y qué está bajo nuestro control. La persona sabia, dice Séneca, «se asegurará de que nada de lo que ocurra sea inesperado».

«Los reveses inesperados resultan más graves; la novedad aumenta el peso de la calamidad y no existe mortal alguno a quien no duela más la desgracia que, por añadidura, le ha sorprendido. Por ello nada hay que no deba ser previsto; nuestro ánimo debe anticiparse a todo acontecimiento y pensar no ya en todo lo que suele suceder, sino en todo lo que puede suceder.»

Como dije antes, la devastación depende principalmente de lo improbable que consideremos un acontecimiento.

Por eso es tan importante mantener nuestras expectativas bajo control realizando regularmente una visualización negativa. Si nos imaginamos lo peor, no tendremos que lidiar con expectativas insatisfechas y podemos reducir drásticamente las emociones negativas que sentimos.

Ensayemos mentalmente lo peor que podría ocurrir para ver cómo puede desarrollarse una situación de forma contraria a nuestras esperanzas y expectativas, y estaremos en paz con lo que ocurra.

No deberíamos sorprendernos por nada, y menos por las cosas que ocurren de forma habitual.

Dice Marco Aurelio: «Ten presente que, del mismo modo que es absurdo extrañarse de que la higuera produzca higos, también lo es sorprenderse de que el mundo produzca determinados frutos de los que es portador. E igualmente sería vergonzoso para un médico y para un piloto sorprenderse de que ése haya tenido fiebre o de que haya soplado un viento contrario».

Práctica 27

....

Dolor y provocación:
Grandes oportunidades para la virtud

«Ante cada acontecimiento pregúntate qué habilidades
tienes para dominarlo. Si ves una mujer atractiva,
hallarás que el autodominio es la habilidad que tienes
para dominar el deseo. Si sientes dolor, hallarás que
dispones de la fortaleza. Si te injurian, encontrarás
paciencia. Acostumbrándote a actuar de esta manera no
serás arrastrado por la apariencia de las cosas.»

EPICTETO

«Lo que se interpone en el camino se convierte en el camino», como hemos visto anteriormente (Práctica 3).

Podemos convertir la aparente adversidad en una ventaja si la utilizamos como práctica. Como guerreros-filósofos, utilizamos estas situaciones para practicar ser lo mejor que podemos ser.

Mientras que otras personas ven la adversidad como algo malo, como algo que les impide alcanzar sus objetivos, nosotros reconocemos la oportunidad de crecimiento y le damos la vuelta: nosotros vemos la oportunidad donde ellos ven el mal.

«La enfermedad es un impedimento del cuerpo, pero no de tu libre albedrío; a menos que decidas que lo sea. Si eres rengo, es tu pierna la que está impedida; no tu voluntad. Considera esto en relación con todo lo que ocurre y verás que esos obstáculos no son un impedimento para ti, aunque lo sean para los demás.»

Epicteto era cojo y decidió considerarlo un impedimento para su pierna, no para su mente. También el dolor y la enfermedad pertenecen al cuerpo, no a la mente. No debemos dejarnos llevar por la autocompasión. Una respuesta autocomplaciente solo aumentará nuestro sufrimiento.

En cambio, debemos recordar que el dolor puede ser una oportunidad para ponernos a prueba y mejorar nuestra virtud. Podemos practicar la paciencia y la resistencia, dos nobles virtudes.

Marco Aurelio está de acuerdo: «¿Quién te impide ser bueno y sincero?». Tenemos el poder innato de elegir nuestras acciones y forjar nuestro carácter. «Procúrate, pues, aquellas que están enteramente en tus manos: la integridad, la gravedad, la resistencia al esfuerzo, el desprecio a los placeres, la resignación ante el destino, la necesidad de pocas cosas, la benevolencia, la libertad, la sencillez, la austeridad, la magnanimidad.»

Podemos desplegar un gran número de buenas cualidades sin ninguna excusa. Lo único que nos puede frenar somos nosotros mismos, porque la mente siempre está disponible para nosotros.

«Así como la naturaleza toma cada obstáculo, cada impedimento y trabaja a su alrededor, lo convierte en su propósito, lo incorpora a sí mismo, así también un ser racional puede convertir cada revés en materia prima y usarlo para lograr su objetivo», dice Marco Aurelio.

Debemos empezar por las cosas pequeñas, dice Epicteto. Si nos duele la cabeza, podemos practicar el no maldecir. Si nos insultan, podemos practicar la paciencia. Y subraya que, si nos quejamos, debemos asegurarnos de no hacerlo con todo nuestro ser.

Recordemos que cada pequeño accidente que nos ocurre es una oportunidad para practicar el comportamiento virtuoso. Cada dolor de cabeza es una oportunidad para no maldecir. Cada persona atractiva es una oportunidad de autocontrol. Cada persona molesta es una oportunidad para la paciencia, la amabilidad y el perdón. Cada situación difícil es una oportunidad para la perseverancia y el trabajo duro.

Práctica 28

El juego de la ecuanimidad

«Siempre que te veas obligado por las circunstancias
como a sentirte confuso, retorna a ti mismo rápidamente
y no te desvíes fuera de tu ritmo más de lo necesario.
Pues serás bastante más dueño de la armonía gracias
a tu continuo retornar a la misma.»

MARCO AURELIO

A todos nos pilla desprevenidos de vez en cuando. No
solo por acontecimientos importantes, sino también por
sucesos menores, a menudo inesperados. El tren no llega a
tiempo, te roban la bicicleta, tu amigo cancela la cita en el
último momento.

Situaciones tan insignificantes pueden dejarnos K.O. en momentos de debilidad. Perdemos el equilibrio y nos volvemos irritables y gruñones. No pasa nada por perder el equilibrio a veces, nos pasa a los mejores. Lo importante es volver a la pista lo antes posible.

No te quedes fuera de combate más tiempo del necesario. Contrólate y vuelve a levantarte. Vuelve al equilibrio.

El filósofo moderno Brian Johnson lo llama el «juego de la ecuanimidad». Las reglas son sencillas: (1) Observa cuándo estás desequilibrado, por ejemplo, cuando empiezas a perder la paciencia con el tráfico, tu pareja o un colega, y (2) comprueba lo rápido que puedes parar y corregirte, volviendo a la ecuanimidad.

Dice que la ecuanimidad es una de las mejores palabras de la historia. Del latín: *aequus* (parejo) y *animus* (mente), la palabra significa «mente equilibrada».

Por ello, debemos pararnos a nosotros mismos cada vez que nos desequilibramos por algún acontecimiento, y volver a tener una mente equilibrada lo antes posible. Los contratiempos ocurren, no siempre estaremos en nuestro mejor momento. La persona sabia lo sabe y su principal objetivo es recuperarse lo antes posible. Como un *punching ball* que rebota cada vez que lo golpeas.

Queremos vivir con areté y expresar nuestro yo más elevado en todo momento. Por eso, cuando nos veamos rezagados, intentemos recuperarnos y volver a nuestro camino. Con este juego podemos coleccionar idas y vueltas. Y mejoraremos cuanto más a menudo nos avisemos a nosotros mismos y volvamos al equilibrio.

«Serás bastante más dueño de la armonía gracias a tu continuo retornar a la misma», como nos enseña Marcus.

Recuerda siempre: los obstáculos y las situaciones desafiantes nos hacen más fuertes, son una oportunidad para crecer. Queremos ser guerreros de la mente que no se rinden, sino que intentamos estar plenamente presentes ante los retos de la vida, conscientes de que estos retos nos harán más fuertes.

Antes hemos dicho que el fuego utiliza los obstáculos como combustible. Solo hacen que el fuego sea más fuerte. Ahora, veamos otra metáfora del fuego: el viento alimenta el fuego y apaga la vela. El viento es el obstáculo; te apaga si tu compromiso y perseverancia son débiles, pero te alimenta cuando aceptas el reto y no te rindes con las primeras dificultades.

Si soplas una vela, se apaga. Si soplas en una hoguera, puede parecer que se apaga al principio, pero el fuego regresa con más fuerza. Tú quieres ser el fuego que siempre vuelve con más fuerza.

Así que, cada vez que la vida te golpee, fíjate en lo que te derriba y luego observa cuánto tardas en volver a levantarte. Obsérvate a ti mismo y descubre qué te ayuda a encontrar el equilibrio. Puedes jugar a ese juego todo el día, todos los días.

Lo que más me ayuda a mí es la idea estoica de centrarnos en lo que controlamos, aceptar la realidad tal y como es y responsabilizarnos de nuestra vida, ya que siempre está en nuestra mano elegir responder con virtud.

Práctica 29

La mentalidad antimarioneta

«Si una persona le diese tu cuerpo al primer extraño que se cruza en su camino, por cierto que estarías enojado. Sin embargo, no tienes ningún reparo en entregarle tu mente a la confusión y a la mistificación ante cualquiera que tenga el capricho de injuriarte.»

EPICTETO

Nos dejamos llevar por cosas externas e impulsos incuestionables todo el tiempo. Como las marionetas, dejamos que otra persona mueva los hilos y baile a su gusto.

El comentario ambiguo de un colega, el novio que no ha llamado o el comentario de un extraño: nos dejamos llevar por cosas que escapan a nuestro control. Dejamos que los demás nos presionen.

Y lo que es peor, no son solo los demás, sino que también dejamos que el tiempo, las redes sociales, las noticias y los resultados deportivos tiren de nuestros hilos. Bailamos con el sol y pataleamos con la lluvia. Aplaudimos el gol de nuestro equipo favorito y lamentamos el empate final.

Esto es una locura. La mente es nuestra. No nuestro cuerpo, nuestras posesiones, nuestros amigos, sino solo nuestra mente. Pero no nos damos cuenta y ¡ups! Nos ponemos en manos del meteorólogo o del árbitro.

«Date cuenta de una vez que algo más poderoso y más divino posees en tu propio interior que lo que provoca las pasiones y que lo que, en suma, te agita a modo de marioneta.»

Marco Aurelio se refiere a nuestra mente. Podemos decidir qué significan para nosotros los acontecimientos externos. No tenemos que dejarnos golpear por lo que ocurre a nuestro alrededor. Podemos permanecer tranquilos sin sentirnos heridos e irritados.

Corta las cuerdas que tiran de tu mente. Recupera lo que debería ser tuyo. Detén la locura. No te dejes arrastrar por lo que no está bajo tu control.

Sí, dice Marco Aurelio, los demás pueden impedir nuestras acciones, pero no pueden impedir nuestras intenciones y nuestras actitudes. Nuestra mente es adaptable. Si las cosas parecen volverse contra nosotros, podemos adaptarnos y ver la oportunidad de crecer. Podemos convertir los obstáculos en oportunidades.

En lugar de dejarnos llevar por lo que ocurre en el incontrolable mundo exterior, debemos guiarnos por valores profundos. Pase lo que pase, nos aferramos a nuestros valores de tranquilidad, paciencia, amabilidad, aceptación, justicia, valentía y autodisciplina.

Nuestros valores y la conciencia del momento presente nos impiden ser marionetas. Estas cosas no llegan automáticamente, sino que requieren un trabajo duro. Como aspirantes a estoicos, elegimos trabajar duro y convertirnos en nuestros propios amos en lugar de dejarnos arrastrar por cualquier inconveniente.

«Reflexiona así: eres viejo; no consientas por más tiempo que éste sea esclavo, ni que siga aún zarandeado como marioneta por instintos egoístas, ni que se enoje todavía con el destino presente o recele del futuro.» Aquí Marco Aurelio establece una gran base filosófica. Utilicemos esta: somos seres humanos maduros y ya no seremos esclavizados por eventos externos y otras personas. No nos dejaremos arrastrar como marionetas por cualquier impulso. No nos quejaremos del momento presente ni temeremos el futuro.

Es hora de recuperar el control. Protejamos nuestra tranquilidad.

«Lo primero que hay que hacer es no alterarse.» Marco Aurelio se recuerda a sí mismo que debe mantener la calma. Cuando se controla, puede ver la tarea que tiene entre manos como lo que es, sin perder de vista sus valores. A continuación, emprende la acción adecuada con amabilidad, modestia y sinceridad.

Primero, no te enfades. Segundo, haz lo correcto. Eso es todo. Si ponemos conciencia en cada situación, ésta siempre está disponible para nosotros. Primero intentamos no alterarnos. Y luego miramos objetivamente la situación, teniendo en cuenta nuestros valores. Y actuamos en consecuencia.

Este proceso requiere que nos demos cuenta de nuestros impulsos, impresiones y juicios para poder apartarnos de ellos en lugar de dejar que nos arrastren. Debemos evitar la precipitación en nuestras reacciones. Eso es todo.

Evita la imprudencia, mantén la calma y no te quedarás tirado como una marioneta.

Práctica 30

Se supone que la vida es un reto

> «Las circunstancias difíciles son las que muestran a los hombres. Por tanto, cuando des con una dificultad, recuerda que la divinidad, como un maestro de gimnasia, te ha enfrentado a un duro contrincante.
>
> —¿Para qué? —pregunta.
>
> —Para que llegues a ser un vencedor olímpico. Pero no se llega a ello sin sudores. Y a mí me parece que nadie se ha visto en una dificultad mayor que en la que te ves tú si quieres servirte del contrincante como haría un atleta.»
>
> EPICTETO

Nos precipitamos cuando nos quejamos de cualquier situación.

¿Pero quién dijo que iba a ser justo? ¿Quién dijo que la vida fuera fácil?

Nadie. ¡Para eso estamos aquí! Estamos destinados a esto. Así es como mejoramos. Es como aprendemos a soportar y perseverar. Así es como nos convertimos en seres humanos maduros.

«¿Qué crees que habría sido de Hércules, si no hubiera habido león, hidra, ciervo o jabalí, ni criminales salvajes de quienes librar al mundo? ¿Qué habría hecho en ausencia de tales desafíos?»

Vale la pena repetir este ejemplo de Epicteto sobre Hércules. Continúa: «Seguramente, se habría dado la vuelta en la cama, envuelto en las cobijas, y se habría vuelto a dormir. Entonces, al roncar su vida en el lujo y la comodidad, nunca se habría convertido en el poderoso Hércules. E incluso si lo hubiera hecho, ¿de qué le habría servido? ¿Cuál habría sido el uso de esos brazos, de ese físico y de esa alma noble, sin crisis y adversidades o condiciones para despertarlo a la acción?».

No desees que la vida sea dura, pero tampoco que sea más fácil cuando se ponga difícil. Más bien desea tener fuerza para afrontarla. Es una oportunidad para crecer. Es el *sparring* más joven el que te desafía. Te está poniendo a prueba. La pregunta es: ¿Qué haces con el desafío? ¿Lo aceptas y estás dispuesto a plantarle cara? ¿O tiras la toalla tras recibir el primer gancho en la mandíbula?

Para esto estamos aquí, dicen los estoicos. Se supone que la vida es dura. Incluso es desafortunada si no tienes que enfrentarte a estos retos. Escucha a Séneca: «Te juzgo desafortunado porque nunca has vivido la desgracia. Has pasado por la vida sin un oponente —nadie puede saber de lo que eres capaz, ni siquiera tú».

Por eso los estoicos se dedicaban a vivir. Sabían que es ahí donde crecemos, no en las torres de marfil.

La próxima vez que te enfrentes a una situación difícil, acéptala como una oportunidad de crecimiento. No te preocupes por ello. Solo puedes crecer. Quizá sea una experiencia formativa que agradecerás más adelante. La cuestión no es si la vida te golpea, sino cuándo. Y cómo vas a responder a ello.

¿Responderás de una manera positiva y orientada al crecimiento, preparado para afrontarlo? ¿O responderás como una víctima, quejándote y tirando la toalla al primer indicio de dificultad?

¿Lo verás como una oportunidad para aprender y hacerte más fuerte? ¿O te frustrarás y te pondrás a llorar?

Así que, cuando las cosas se pongan difíciles, recuérdate que para eso estás aquí. Te hará más fuerte.

Práctica 31

....

¿Cuál es el problema aquí y ahora?

«No te confunda la imaginación de la vida entera.
No abarques en tu pensamiento qué tipo de fatigas y
cuántas es verosímil que te sobrevengan; por el
contrario, en cada una de las fatigas presentes,
pregúntate: ¿Qué es lo intolerable y lo insoportable de
esta acción?»

MARCO AURELIO

Uno de los aspectos importantes del estoicismo es el desarrollo de la conciencia del presente, que te permite dar un paso atrás, observar la situación objetivamente, analizar tus impresiones y proceder de forma constructiva.

En un momento de nerviosismo es fácil perder la concentración en la tarea que tenemos entre manos y extraviarnos en la inmensidad de nuestras vidas. Divisamos un futuro incierto hacia adelante y un pasado, cierto pero pasado, a nuestras espaldas. No es de extrañar que nos sintamos abrumados.

No olvidemos que el pasado y el futuro no están bajo nuestro control. Son indiferentes para los estoicos. El momento presente es lo único que se posee, dice Marco Aurelio. Pero «ni el pasado ni el futuro se podría perder, porque lo que no se tiene, ¿cómo nos lo podría arrebatar alguien?».

El pasado es inmutable. El futuro solo puede verse influenciado por las acciones que realizamos aquí y ahora. Por eso los estoicos dicen que debemos estar atentos al momento presente y centrarnos en lo que es real y asequible.

Todo el poder que tenemos se reduce a este preciso momento. Ahora mismo, podemos controlar las elecciones que hacemos. Tú eliges leer este libro ahora mismo, y yo elijo escribirlo en este preciso momento (para mí).

Nuestras acciones y pensamientos voluntarios son lo único que está bajo nuestro control. Solo en este preciso momento.

Si queremos expresar nuestro yo más elevado en cada momento, tenemos que ser conscientes de nuestras acciones en el momento presente. Esta atención plena es un requisito primordial para el estoico practicante.

El problema es el siguiente: nos dejamos llevar por nuestros pensamientos sobre el pasado o el futuro. Y al mismo tiempo perdemos el contacto con el aquí y el ahora. Esta es la principal razón por la que nos agobiamos. A diferencia de los animales, nos preocupamos por lo que ya pasó o por lo que está por venir, ambas cosas fuera de nuestro control. Escucha a Séneca: «Las fieras huyen de los peligros que ven; una vez los han evitado están seguras: nosotros nos atormentamos por el porvenir y el pasado». El presente por sí solo, dice, no puede hacerte sentir desgraciado.

Por eso debemos intentar alertarnos a nosotros mismos cuando estemos preocupados, y preguntarnos: «Aquí y ahora, ¿cuál es la tarea que tenemos entre manos y por qué nos parece insoportable?».

Si eres capaz de centrarte en el momento presente y observarlo de forma aislada, estos momentos difíciles de repente serán más fáciles de soportar y afrontar. Será más fácil aceptarlos tal y como son, y centrarse en lo que se puede hacer ahora mismo para mejorar la situación, para sacar lo mejor de ella.

Un pequeño paso cada vez.

Cuanto más rápidamente puedas centrarte en el momento presente, más consciente serás de tus acciones en cada momento, y más cerca estarás de expresar tu yo más elevado.

Marco Aurelio dice que todo lo que necesitas es:

- **Certeza en el momento presente:** Objetivamente, ¿cuál es la situación?
- **Aceptación de los acontecimientos externos en el momento presente:** Aceptar y contentarse con lo que está fuera de nuestro control.
- **Acción para el bien común en el momento presente:** ¿Cuál es la mejor acción que puedo realizar en este momento?

Aunque solamente aprendas esto de la filosofía estoica, y si incorporas la suficiente conciencia a tu vida diaria, ¡te beneficiarás enormemente!

Como aspirantes a estoicos, debemos intentar centrarnos en el momento presente y no distraernos con el pasado o el futuro. Solo así podremos desafiar nuestras primeras impresiones y observar la situación con objetividad, aceptar lo que no está bajo nuestro control con ecuanimidad y elegir alinear nuestras acciones con nuestros valores más profundos, como la sabiduría, la justicia, el valor y la autodisciplina.

Esto será suficiente.

Práctica 32

Reconoce las bendiciones

«No sueñes con las cosas que no tienes, más bien reconoce las bendiciones de las cosas que sí posees. Luego, recuerda agradecido cómo estarías de ansioso si tus posesiones no fueran tuyas. Mas cuídate, no valores estas cosas hasta el punto de preocuparte si las pierdes.»

Marco Aurelio

En tiempos difíciles, puede ser útil recordar lo que tenemos. Porque olvidamos lo bien que lo tenemos en realidad, y lo amable que ha sido la vida con nosotros en el pasado.

No olvides agradecer lo que tienes, incluso ante la adversidad.

Marco Aurelio nos recuerda aquí tres cosas:

- Las cosas materiales no son importantes, no acumules ni atesores esas cosas.
- Agradece todo lo que tienes.
- Ten cuidado de no apegarte a esas cosas.

¿A quién le importa lo que tengan los demás? Puedes decidir por ti mismo lo que es verdaderamente importante y lo que no. Céntrate en ti mismo. Reconoce que la vida ha sido generosa contigo. No necesitas tener cada vez más cosas. Necesitas menos. Y serás más libre.

Cuanto más tienes, más puedes perder. Agradece lo que tienes. Aprecia esas cosas. Y busca maneras de aprovechar lo que ya tienes.

He aquí una ley divina que Epicteto comparte generosamente con nosotros: «¿Cuál es la ley? La divina: guardar lo propio; no reclamar lo ajeno, sino usar lo que nos ha sido dado; no ansiar lo que no nos ha sido dado y, cuando una cosa te es arrebatada, devolverla con facilidad y de inmediato, agradecido por el tiempo que la usaste».

No desees lo que no tienes, aprecia lo que tienes. Estate siempre dispuesto a devolver lo que te han dado, y agradece el tiempo que lo has podido utilizar.

Qué ley tan sencilla. Tatuemos esto en nuestras mentes.

Séneca está de acuerdo: «Las grandes bendiciones de la humanidad están dentro de nosotros y a nuestro alcance. El sabio se contenta con su suerte, sea cual sea, sin desear lo que no tiene».

Mantengamos esa actitud de gratitud en todo momento. Por todo lo que tenemos y por todo lo que nos llega.

Asegúrate de dar las gracias a menudo. La forma más fácil de hacerlo es escribir una lista de cosas por las que estás agradecido cada día. Añade eso a tu rutina matutina cuando repitas las palabras de Marco Aurelio: «Cuando te levantes por la mañana, piensa en el precioso privilegio de estar vivo, respirar, pensar, disfrutar y amar».

Recuerda que no debes aferrarte a las cosas. Solo son préstamos de la naturaleza y pueden desaparecer en un instante.

Práctica 33

Alterizar

> «La voluntad de la naturaleza nos es revelada
> mediante experiencias comunes a todos. Por ejemplo,
> si el hijo de un vecino rompe un tazón o algo por el estilo,
> decimos de buen grado: "Estas cosas pasan".
> Cuando el tazón que se rompa sea el tuyo, deberías
> responder de la misma forma en que lo haces cuando
> se rompe un tazón ajeno.»
>
> EPICTETO

Qué diferente es la mirada sobre un mismo hecho cuando nos ocurre a nosotros y no a otras personas.

Cuando tu amigo rompe una taza, te lo tomas con calma y puedes hacer un comentario parecido al proverbio alemán: «Los fragmentos de vidrio traen buena suerte». O «así es la vida, qué le vamos a hacer».

Pero cuando nos ocurre a nosotros, nos apresuramos a considerarnos torpes o incapaces. Naturalmente, es mucho más fácil mantener la calma y la ecuanimidad cuando las desgracias les ocurren a otros y no a nosotros mismos.

¿No sería más inteligente reaccionar de forma similar cuando nos pasa algo? Es decir, no somos especiales. Entonces, ¿por qué hacemos una montaña de un grano de arena cuando algo nos afecta, pero lo menospreciamos con una sonrisa cuando les pasa a otros?

Esto no tiene sentido. El universo no nos trata de forma diferente a los demás, no nos persigue. Las cosas simplemente suceden, a veces a nosotros, a veces a otros. Las cosas nos suceden en el orden normal de las cosas. Consuélate con eso.

La próxima vez que te ocurra algo, imagina que le ha ocurrido a otra persona. Pregúntate cómo reaccionarías si le ocurriera lo mismo a una amiga tuya. Si no es tan terrible cuando le pasa a ella, entonces no es terrible cuando te pasa a ti.

Esto te hará tomar conciencia de la relativa insignificancia de las cosas «malas» que nos ocurren a todos y, por tanto, evitará que alteren tu tranquilidad.

Epicteto da un paso más: «Pasando a asuntos más serios: cuando muere la esposa o el hijo de alguien, todos decimos rutinariamente: "Bueno, eso forma parte de la vida". Pero si está implicado alguien de nuestra familia, entonces pasamos al "¡Pobre, pobre de mí!"».

Con una copa rota es mucho más fácil que con un corazón roto. Sin embargo, es lo mismo. ¿Por qué no es tan malo que tu amiga pierda a su marido, pero es lo peor que puede pasar si se trata del tuyo?

No podemos comparar la muerte de un ser querido con la muerte de una taza. Sin embargo, pensar en nuestra reacción si le ocurriera a otra persona puede ser útil. Aporta algo de perspectiva y nos recuerda que lo que nos pasa a nosotros también les pasa a los demás.

Del mismo modo, puede ayudarte a ser más empático y comprensivo con los demás imaginar que lo que les ha pasado a ellos te ha pasado a ti. A veces nos damos prisa en juzgar a alguien como exagerado y despreciar sus sentimientos, pero cuando nos pasa lo mismo, somos iguales. O incluso peor.

Así que, cuando te ocurra algo malo, piensa en la reacción que mostrarías si le ocurriera a otra persona. Esto te ayudará a mantener tu mente equilibrada.

Además, antes de juzgar la reacción de alguien ante una desgracia, piensa en tu propia reacción ante esa misma calamidad. Esto te ayudará a ser más comprensivo con los demás.

Práctica 34

....

A vista de pájaro

«Bello el texto de Platón: "Preciso es que quien hace
discursos sobre los hombres examine también lo que
acontece en la tierra, como desde una atalaya: manadas,
ejércitos, trabajos agrícolas, matrimonios, divorcios,
nacimientos, muertes, tumulto de tribunales, regiones
desiertas, poblaciones bárbaras diversas, fiestas, trenos,
reuniones públicas, toda la mezcla y la conjunción
armoniosa procedente de los contrarios".»

MARCO AURELIO

Qué gran ejercicio. Imagina que dejas tu cuerpo y puedes volar. Cada vez más alto. Te ves a ti mismo, tu casa,
tu barrio, otras personas, tu ciudad con su lago y su río,
hasta que tu cuerpo parece una pequeña semilla; y más
allá llegas a ver tu país, el océano e incluso el planeta
entero.

Este ejercicio te ayuda a reconocerte como una parte
del todo. Ves todo lo humano desde muy arriba, como
un pájaro primero y como un astronauta después.

«Puedes acabar con muchas cosas superfluas, que se
encuentran todas ellas en tu imaginación», observa Marco Aurelio. Muchos problemas pueden resolverse con

esta perspectiva desde lo alto. Los asuntos humanos y tus propias desgracias parecen triviales desde esta perspectiva.

«Y conseguirás desde este momento un inmenso y amplio campo para ti, abarcando con el pensamiento todo el mundo, reflexionando sobre el tiempo infinito y pensando en la rápida transformación de cada cosa en particular, cuán breve es el tiempo que separa el nacimiento de la disolución, cuán inmenso el período anterior al nacimiento y cuán ilimitado igualmente el período que seguirá a la disolución.»

No solo nuestros problemas parecen insignificantes y se disuelven rápidamente, sino que también nos recuerdan la impermanencia de las cosas. No solo somos muy pequeños, sino también muy efímeros. Lo dice perfectamente: «Imagínate sin cesar la eternidad en su conjunto y la sustancia, y que todas las cosas en particular son, respecto a la sustancia, como un grano de higo, y, respecto al tiempo, como un giro de trépano».

La próxima vez que tengas problemas, intenta adoptar una perspectiva a vista de pájaro.

A menudo nos dejamos llevar por nuestra mente. Así que metemos la pata y nos imaginamos que tenemos un gran problema. Nos perdemos en nuestros pensamientos y no reconocemos su banalidad. Nos centramos en el problema en cuestión y nos parece lo más importante del mundo. Un problema enorme.

Entonces observas las cosas desde la distancia. Tu enorme problema se vuelve de repente totalmente insignificante en comparación con la inmensidad del universo. Esto te ayuda a poner las cosas en perspectiva, a reconocer el panorama general y a permanecer indiferente a las cosas externas que otros valoran erróneamente, como la riqueza, la apariencia o el estatus social.

Práctica 35

....

Lo mismo de siempre

«Todo lo que acontece es tan habitual y bien conocido
como la rosa en primavera y los frutos en verano; algo
parecido ocurre con la enfermedad, la muerte,
la difamación, la conspiración y todo cuanto alegra
o aflige a los necios.»

Marco Aurelio

«Una generación va y otra generación viene, mas la tierra permanece para siempre.» Aunque esto podría ser de
Marco Aurelio, en realidad es de la Biblia.

Las cosas siempre han sido igual. Los seres humanos
hacen lo que hacen. Ciertas actitudes y prácticas han ido y
venido, pero las personas y las vidas siempre han sido
iguales: casarse, criar hijos, enfermar, morir, pelear, llorar, reír, festejar, fingir, refunfuñar, enamorarse, desear y
filosofar.

No hay nada nuevo. Las cosas son las mismas que
hace diez generaciones, y serán las mismas en las generaciones futuras. Séneca, Epicteto y Marco Aurelio tuvieron
los mismos problemas que nosotros dos mil años después,
por eso sus textos siguen siendo tan relevantes hoy. Marco
Aurelio nos recuerda que todo se repite. «¿Qué es la mal-

dad? Es lo que has visto muchas veces. Y a propósito de todo lo que acontece, ten presente que eso es lo que has visto muchas veces. En suma, de arriba abajo, encontrarás las mismas cosas, de las que están llenas las historias, las antiguas, las medias y las contemporáneas, de las cuales están llenas ahora las ciudades y las casas. Nada nuevo; todo es habitual y efímero.»

Nos gusta creer que lo que ocurre ahora es especial. Pero, como personas fuertes, debemos resistirnos a esta idea y ser conscientes de que, salvo algunas excepciones, las cosas son lo mismo que siempre han sido y siempre serán. Las mismas cosas de siempre.

Somos como la gente que vino antes que nosotros. Solo somos breves escalas hasta que vengan otras personas como nosotros cuando nos hayamos ido. La tierra permanece para siempre, pero nosotros vamos y venimos.

Antes de que te tomes las cosas demasiado en serio, recuérdate que las cosas que te ocurren no son especiales. Cientos de personas lo han experimentado antes que tú, y cientos más lo harán cuando tú ya no estés.

Siento decírtelo, pero no eres tan especial. Lo que te ocurre no es tan especial. Cómo te comportas no es tan especial.

Esto podría ayudarte a poner las cosas en perspectiva. Y a no tomarte todo tan en serio. Y a no tomarte a ti mismo demasiado en serio. Son las mismas cosas de siempre.

Además, ésta es otra razón por la que no debemos sorprendernos de las nimiedades: las cosas se repiten una y otra vez, y es mejor que seamos conscientes de ello. Las cosas se rompen, la gente muere, los partidos se pierden, la gente fracasa —como la rosa en primavera y los frutos en verano—, las cosas siempre se repiten.

Práctica 36

La carne es un animal muerto:
Observar con objetividad

«Al igual que se tiene un concepto de las carnes
y pescados y comestibles semejantes, sabiendo
que eso es un cadáver de pez, aquello cadáver
de un pájaro o de un cerdo; y también que el Falerno
es zumo de uva, y la toga pretexta lana de oveja teñida
con sangre de marisco; y respecto a la relación sexual,
que es una fricción del intestino y eyaculación
de un moquillo acompañada de cierta convulsión.
¡Cómo, en efecto, estos conceptos alcanzan sus objetos
y penetran en su interior, de modo que se puede
ver lo que son!»

MARCO AURELIO

Los estoicos aconsejan observar un objeto o una situación
de la forma más objetiva posible. Cíñete a los hechos y
describe los acontecimientos sin juzgarlos y todo lo cerca
de la realidad que sea posible.

Es el clásico pensamiento estoico: un evento en sí mismo es objetivo. Solo nosotros le damos significado a través de nuestros juicios sobre él.

Como hemos visto anteriormente, Marco Aurelio se recuerda a sí mismo que debe fijarse en los componentes básicos de las cosas. Quiere asegurarse de no atribuir demasiada importancia a las cosas externas.

(Nota al margen: la parte relativa a las relaciones sexuales no pretende ser mojigata —después de todo, Marco Aurelio tuvo trece hijos—, sino más bien un freno a la lujuria gratuita).

Debemos ver las cosas tal y como son, «desnúdalas y observa su nulo valor, y despójalas de la ficción, por la cual se vanaglorian».

Debemos ver los acontecimientos como son, analizarlos: «Gíralo y contempla cómo es, y cómo llega a ser después de envejecer, enfermar y expirar».

Marco le da la vuelta a las cosas y las mira con atención. Habla de su túnica de emperador como «lana de oveja teñida con sangre de marisco». Aunque sea cara, no es más que un poco de lana de oveja teñida con sangre apestosa de extractos de caracoles *Murex*. Si has prestado atención, quizá recuerdes que este tinte fue la mercancía que Zenón perdió en su naufragio muchos años antes de fundar el estoicismo.

Las cosas pueden ser muy apreciadas pero, si se miran objetivamente, pierden todo su valor.

Marco Aurelio aconseja vivir la vida de la mejor manera posible. El poder para hacerlo se encuentra en el alma de la persona, si es capaz de ser indiferente a las cosas externas. Y será indiferente «siempre que observe cada una de ellas por separado. Y en conjunto, teniendo presente que ninguna nos imprime una opinión acerca de ella, ni tampoco nos sale al encuentro».

Básicamente, mirar las cosas de forma objetiva, tal y como son realmente, nos ayudará a expresar la versión más elevada de nosotros mismos. Reconoceremos su absoluta insignificancia y recordaremos que son solo nuestras opiniones las que les dan valor y significado.

En la filosofía estoica miramos las cosas desde todos los ángulos y llegamos a comprender mejor las situaciones. A menudo, la representación objetiva de los acontecimientos nos ayuda a ver con claridad y nos impide darles demasiada importancia.

Así que, cuando tengas un problema en la vida, cuando estés atascado, intenta mirar tu situación de forma objetiva. Dale la vuelta, desnúdala y explícala en términos sencillos. Tan reales como sea posible. ¿Qué aspecto tiene? ¿De qué partes se compone? ¿Cuánto durará?

Práctica 37

No te precipites: Pon a prueba tus primeras impresiones

«"No eres más que apariencia; no eres en absoluto lo que pareces ser." Y luego examina esa adversidad con las reglas que tienes para ello; principalmente por la que te permite establecer si concierne las cosas que están bajo tu control o si concierne aquellas que no lo están; y, si tiene que ver con algo que no depende de ti, prepárate para decir que no te importa.»

EPICTETO

Hemos evolucionado de forma natural para acercarnos a lo que nos hace sentir bien y evitar lo que nos hace sentir mal. Es nuestro instinto de supervivencia. E influye enormemente en nuestro comportamiento cotidiano.

Es la principal razón por la que procrastinamos. Y es la principal razón por la que insultamos a otros conductores mientras conducimos. Algún estímulo desencadena una impresión y actuamos en consecuencia. En la mayoría de los casos, esto ocurre automáticamente:

- Un conductor nos corta el paso y le gritamos.
- La abuela nos sirve galletas y nos las comemos.
- Nuestro hermano está viendo la televisión, así que nos sentamos a verla con él.

¿Cuál es el problema? Nuestros sentidos se equivocan todo el tiempo. Nuestras impresiones emocionales son contraproducentes en el mundo real. Si solo nos acercamos a lo que nos hace sentir bien, terminamos desperdiciando nuestras vidas viendo Netflix, comiendo M&Ms y bebiendo Goon.

La cuestión es que hacer cosas agradables a menudo no es lo correcto.

Recuerda que, como aspirantes a estoicos, queremos tener el control en todo momento para poder elegir deliberadamente nuestras mejores acciones. Por eso es crucial que no reaccionemos impulsivamente a las primeras impresiones, sino que nos tomemos un momento antes de reaccionar, y será mucho más fácil mantener el control.

Debemos evitar la precipitación en nuestras acciones. Como dice Epicteto: «Lo primero, no te dejes arrebatar por su intensidad, sino di: "Espérame un poco, representación; deja que vea quién eres y de qué tratas, deja que te ponga a prueba"».

Pongamos a prueba nuestras impresiones. ¿Esto es realmente tan malo? ¿Qué ha pasado exactamente? ¿De verdad quiero ir por ese camino? ¿Por qué siento un impulso tan fuerte dentro de mí? ¿Qué sé de esta persona?

Si eres capaz de hacer una pausa y plantearte estas preguntas, será menos probable que te dejes llevar por las impresiones y des un paso precipitado. Se trata de retener las reacciones automáticas. No aceptes tu impresión impulsiva. Ponla a prueba primero.

Ahora bien, esto no es fácil. Si queremos poner a prueba nuestras impresiones, si queremos dar un paso atrás y verlas como meras hipótesis, entonces debemos ser capaces de detectarlas rápidamente. Para ello es necesario ser consciente de uno mismo.

Así que en realidad se trata de dos pasos: primero, detectar nuestras impresiones y asegurarnos de no reaccionar inmediatamente. Segundo, examinar las impresiones y decidir con calma qué hacer a continuación.

La capacidad de posponer nuestras reacciones emocionales a las impresiones diciendo «espérame un poco, impresión» es la base para vivir con areté. Solo así podemos abstenernos de hacer lo que nos hace sentir bien y hacer lo que no.

Si eres capaz de evitar la imprudencia en tus acciones y tienes la autodisciplina necesaria, te convertirás en una persona capaz de decir no a las cosas que otros no pueden resistir, y capaz de hacer las cosas que otros temen hacer.

Verás, poner a prueba tus impresiones es una cualidad fundamental de todo aspirante a estoico. A medida que sigas haciéndolo, te darás cuenta de que lo que te molesta o deleita no es el acontecimiento en sí, sino tu reacción ante él. Si eliges no reaccionar en absoluto a los pequeños problemas, simplemente dejarán de importarte. Como si no pasara nada.

Simplemente se trata de ganar tiempo y esperar antes de reaccionar para poder resistir nuestro impulso de reaccionar de forma instintiva e inmediata. Estas reacciones impulsivas no son útiles en la mayoría de los casos.

Se trata de evitar reacciones emocionales precipitadas. Y luego comprobar si podemos hacer algo al respecto o no. No nos preocupemos por lo que está fuera de nuestro control, precisamente porque no podemos hacer nada al respecto.

Solo nuestras reacciones están bajo nuestro control. Así que elijamos nuestra (no) reacción más inteligente, y sigamos adelante. Escuchemos la estrategia de Epicteto para lidiar con las impresiones placenteras: «Si te asalta la promesa de algún placer, cuídate de no dejarte llevar por ella; deja que la situación aguarde tu decisión y procúrate alguna demora. Luego represéntate dos momentos: aquel durante el cual gozarás de ese placer y aquel durante el cual te arrepentirás de haberlo gozado. Hecho esto, en contraposición con lo anterior, imagínate cómo te sentirás si te abstienes. Y si aun así llegas a la conclusión que puedes gozar razonablemente de ese placer, no te dejes dominar por su seducción y por su fuerza agradable y atractiva; considera que lo más excelso de todo placer es el saber que se lo ha dominado y vencido».

Ejercicio práctico. Antes de reaccionar, di: «Espérame un poco, impresión... permíteme ponerte a prueba».

Práctica 38

Haz el bien, sé bueno

«No vivas como si fueras a vivir diez mil años. Tu destino pende de un hilo. Mientras estés vivo, hazte bueno.»

Marco Aurelio

¿Para qué lees este libro?

No obtendrás una insignia de honor ni ningún otro premio por aprender estoicismo. A nadie le importan los libros que leas o lo que sepas de filosofía clásica.

Y tampoco te importa a ti, porque lo lees por ti mismo. Porque quieres ser lo mejor que puedes ser. Porque quieres ser capaz de afrontar con eficacia los retos de la vida. Porque quieres vivir una vida feliz y sin sobresaltos.

Y de eso se trata. Porque, como nos recuerda Musonio Rufo, la filosofía no consiste en exhibirse, sino en prestar atención a lo que necesitas y ser consciente de ello.

Lo que importa es lo que uno es y lo que hace. Es la excelencia humana lo que hace bello a un ser humano, dice Epicteto. Si desarrollas cualidades como la justicia, la tranquilidad, la valentía, la autodisciplina, la bondad o la paciencia, te convertirás en alguien hermoso.

Nadie puede engañarse a sí mismo para alcanzar la verdadera belleza.

Lo bueno y lo malo residen en nuestras elecciones. Lo que importa es lo que elegimos hacer con las cartas que nos han dado. Si intentas ser bueno, si te esfuerzas al máximo, el resultado no importa.

Puedes obtener el bien de ti mismo. «Pero ser afortunado consiste en haberte asignado un buen lote; y un buen lote son las buenas tendencias del alma, buenos impulsos, buenas acciones.»

La alegría proviene de tus decisiones, de tus acciones deliberadamente elegidas. Las acciones bien intencionadas te aportarán tranquilidad. Es tu mejor oportunidad para ser feliz.

Haz el bien porque es lo correcto. No busques nada a cambio. Hazlo por ti mismo. Para que puedas ser la persona que quieres ser.

No seas el tipo que grita a los cuatro vientos cuando hace algo justo. «Así, el hombre que hizo un favor, no persigue un beneficio, sino que lo cede a otro, del mismo modo que la vid se aplica a producir nuevos racimos a su debido tiempo.» Marco Aurelio nos recuerda que hay que hacer el bien por sí mismo.

Es nuestra naturaleza. Es nuestro trabajo.

Es un comportamiento infantil contar lo bueno que has hecho. De niño, cuando hacía algo que beneficiaba a toda la familia, me aseguraba de que todos supieran lo que había hecho. ¿Pero mi madre? ¿Mi padre? Ellos hacían esas mismas cosas día tras día sin que nadie se diera cuenta. Nosotros, los niños, lo dábamos todo por sentado. La mayoría de las veces éramos unos desagradecidos.

A medida que maduramos, comprendemos que hacer lo correcto y ayudar a los demás es simplemente lo que tenemos que hacer. Es nuestro deber como seres humanos inteligentes, responsables y maduros. Nada más.

Es lo que hacen los líderes, no por el agradecimiento, el reconocimiento o la insignia de honor.

«Haz lo que ahora reclama la naturaleza. Emprende tu cometido, si se te permite, y no repares en si alguien lo sabrá.»

Como emperador romano, Marco Aurelio tenía ciertamente más poder que nosotros, y sus acciones tenían un impacto mayor que el tuyo y el mío. Sin embargo, incluso el hombre más poderoso de la tierra en aquella época se recordaba a sí mismo: «confórmate, si progresas en el mínimo detalle, y piensa que este resultado no es una insignificancia».

Demos un pequeño paso adelante siempre que sea posible. ¿Qué se consigue con ello? No importa.

«¿Cuál es tu profesión? Ser una buena persona.»

Es la descripción de trabajo más sencilla que existe. Lo que no significa que sea fácil. Pero si nos proponemos ser buenos, estoy seguro de que podemos conseguirlo. Una buena acción cada vez.

8

Prácticas situacionales

¿Cómo actuar cuando los demás te desafían?

Los retos más difíciles y frecuentes a los que nos enfrentamos en la vida cotidiana son las otras personas.

Todos los días hay al menos una persona molesta que trata de presionarte. Un conductor imprudente, una secretaria descarada, un patinador descerebrado o un hermano pequeño pesado.

Pero no podemos deshacernos de esta gente. Tenemos una vida. Trabajamos con gente. Tenemos familia y amigos. Y, lo más importante, tenemos un deber social. La filosofía estoica exige ayudar a los demás y preocuparse por el bienestar de toda la humanidad.

Recuerda que debemos tratar a los demás como si fueran de nuestra familia, ya que todos somos ciudadanos del mismo mundo. Debemos aportar algún servicio a la comunidad. Somos sociales porque no podemos existir los unos sin los otros. Y hacer el bien a los demás nos beneficia a nosotros mismos en primer lugar.

Como dice Marco Aurelio, cumplir con nuestros deberes sociales nos dará la mejor oportunidad de vivir una buena vida.

Pero los demás pueden sacarte de quicio:

- La gente te miente en la cara.
- La gente te insulta.
- La gente hiere tus sentimientos.
- La gente te engaña.
- La gente te roba.
- La gente te molesta.

Entonces, ¿cómo podemos preservar nuestra tranquilidad mientras cumplimos con nuestros deberes sociales y nos relacionamos con otras personas? De eso tratan las siguientes prácticas y estrategias.

Práctica 39

Todos somos miembros
de un mismo cuerpo

«No puedo recibir daño de ninguno de ellos, pues
ninguno me cubrirá de vergüenza; ni puedo enfadarme
con mi pariente ni odiarle. Pues hemos nacido para
colaborar, al igual que los pies, las manos, los párpados,
las hileras de dientes, superiores e inferiores. Obrar,
pues, como adversarios los unos de los otros es contrario
a la naturaleza. Y es actuar como adversario el hecho de
manifestar indignación y repulsa.»

MARCO AURELIO

Tú y yo somos familia. Yo soy tu hermano. Tú eres mi hermano o hermana. Estamos hechos para cooperar.

«Concibe sin cesar el mundo como un ser viviente único, que contiene una sola sustancia y un alma única, y cómo todo se refiere a una sola facultad de sentir, la suya, y cómo todo lo hace con un solo impulso, y cómo todo es responsable solidariamente de todo lo que acontece, y cuál es la trama y contextura», dice Marco Aurelio.

Deja que tus acciones contribuyan al bienestar de la humanidad. Eres parte del conjunto. Debemos trabajar juntos. Séneca está de acuerdo al decir que la Madre Naturaleza nos hizo nacer como parientes. Y nos inculcó amor mutuo.

Procedemos de la misma fuente. «Nuestra sociedad es muy semejante al abovedado, que, debiendo desplomarse si unas piedras no sostuvieran a otras, se aguanta por este apoyo mutuo.» Debemos apoyarnos mutuamente o el conjunto se desmoronará. Todos estamos interconectados y dependemos unos de otros.

Trabajar para los demás es necesario si queremos vivir la mejor vida posible. Eso es lo que supone para ti como miembro del conjunto. Ayudar a los demás. Dirige tus acciones hacia el bienestar común. Solo así tendrás una buena vida.

Si no reconocemos esta interconexión y si no dirigimos nuestras acciones a estos fines sociales, arruinaremos nuestras vidas, dice Marco Aurelio. Esta actitud dará lugar a separación y desarmonía. Y no podremos vivir bien.

Recuerda que los seres humanos hemos sido creados los unos para los otros. Hemos nacido para trabajar juntos como lo hacen nuestras manos y nuestros párpados. Nuestras acciones deben servir a la humanidad, y el objetivo debe ser la armonía.

Hagamos el bien a los demás y tratémoslos como a hermanos y hermanas, con paciencia, amabilidad, indulgencia y generosidad. Este es el único camino hacia la buena vida.

Recuerda las palabras de Marco Aurelio: «Lo que no beneficia al enjambre, tampoco beneficia a la abeja».

Práctica 40

Nadie se equivoca a propósito

«Cuando alguien asiente a lo falso, sábete que no quería
asentir a lo falso —pues toda alma se ve privada
de la verdad contra su voluntad, como dice Platón—
sino que la mentira le pareció verdad.»

EPICTETO

La gente hace lo que le parece correcto. Si hacen algo
malo, es porque eso es lo que les parece acertado.

Por lo tanto, no debemos culpar a la gente, aunque nos
traten de forma grosera e injusta. No hacen esas cosas a propósito. Como dijo Sócrates: «Nadie actúa mal voluntariamente».

Jesús dijo algo muy parecido después de que lo obligaran
a cargar con su propia cruz, y de que lo golpearan, azotaran
e insultaran. A pesar de lo desagradable de la situación, Jesús
miró al cielo y dijo: «Padre, perdónalos, porque no saben lo
que hacen».

Los estoicos piensan que la gente actúa como cree que
es la mejor manera de actuar. Si la gente miente, es porque
cree que le beneficiará. Si la gente roba, piensa que es lo
mejor que puede hacer. Si la gente es mala, de alguna manera tiene la impresión de que así saca el máximo provecho de la situación.

Les falta un poco de sabiduría. No saben lo que está bien y lo que está mal. Y aunque sepan que lo que hacen puede estar mal, se equivocan creyendo que les va a beneficiar.

La cuestión es que no hacen el mal a propósito. Simplemente no lo saben hacer mejor.

Debemos ser pacientes con estas personas, «puesto que los hombres son unos más agudos y otros más obtusos, y criados unos en mejores costumbres y otros en peores, siendo unos de peor carácter o natural, necesitarían mayor número de demostraciones y mayor argumentación para aceptar estas opiniones y quedar modelados según ellas, igual, creo, que los cuerpos enfermizos necesitan mucho mayor cuidado para estar bien».

No olvidemos que somos privilegiados. No a todo el mundo lo han criado como a nosotros. No todos tienen los mismos genes ni la misma educación ni pueden ir a la escuela desde una edad temprana. Estas cosas influyen mucho en una persona, y no es algo que podamos controlar.

Al igual que un cuerpo débil necesita más tiempo para curarse que uno que esté en buena forma, una persona que carece de algo de sabiduría necesita más tiempo para ponerse al día y comprender las cosas que alguien que tuvo unos padres más sabios y una mejor educación.

No tiene sentido enfadarse con esta gente. No es su culpa. Una forma mucho mejor de tratar con ellos es predicar con el ejemplo. En lugar de reaccionar con rabia, reacciona de forma amable y comprensiva. En lugar de juzgarlos, intenta ayudarlos y apoyarlos.

Cada vez que te encuentras con personas que parecen estar actuando mal, es una oportunidad para crecer. Porque puedes practicar las virtudes del autocontrol, el perdón, la bondad y la paciencia.

Marco Aurelio dice que es importante tener esto en cuenta: «"Toda alma, afirman, se ve privada contra su voluntad de la verdad". Igualmente también de la justicia, de la prudencia, de la benevolencia y de toda virtud semejante. Y es muy necesario tenerlo presente en todo momento, pues serás más condescendiente con todos».

Práctica 41

Encuentra tus propios defectos

«Así, cada vez que te sientas asaltado por una idea
perturbadora, apresúrate a decir: te conozco; eres un puro
engaño y no lo pareces. Después, examínala bien y para
sondearla profundamente emplea las reglas que te son
familiares por haberlas aprendido, sobre todo, aquella que
te hace saber si las cosas dependen de ti o no. Y si
pertenece a estas, piensa sin dudar: nada me importa.»

MARCO AURELIO

Errar es humano.

Todos cometemos errores. Pero los olvidamos. Y nos
enfadamos cuando otros cometen los mismos errores que
nosotros no hace mucho.

Como ya sabes, la gente no se equivoca a propósito.
Solo recuerda todas las veces que te has equivocado sin
malicia ni intención. La vez que no dijiste la verdad exac-
ta. La vez que actuaste basándote en una mala información. La vez que fuiste escandalosamente grosero a causa
de tu mal de amores. La vez que no escuchaste, entendiste
mal y por eso hiciste exactamente lo contrario.

No desprecies a la gente por errar. Todos tenemos malos momentos.

«Cuando alguien te ofenda por sus defectos», dice Epicteto, «mírate a ti mismo y observa los tuyos. Entonces tu ira se calmará».

A menudo, cuando juzgamos a los demás por su mal comportamiento, en realidad no somos mejores en absoluto. Solo nos gusta pensar que lo somos.

Estudia tus propios defectos. Tienes muchos. Solo somos indulgentes con nuestros propios defectos y los exhibimos sin pudor. Porque creemos saber que en realidad no son defectos, nosotros solo tenemos buenas intenciones, y en realidad somos mejores que los demás y no permitimos malos comportamientos. Solo que esta vez hemos hecho una excepción.

Nos pasa desapercibido porque nuestro cerebro racionaliza maravillosamente nuestros errores. Pero en cuanto detectamos que otros hacen lo mismo, la alarma se dispara de inmediato y les señalamos con el dedo y nos apresuramos a emitir críticas que son de todo menos suaves.

No nos dejemos llevar por nuestra impresión inicial de que el otro es un imbécil, sino que recordemos que nosotros también hemos estado en su situación. Hemos sido exactamente ese mismo imbécil antes. Y, como mucho, nos hemos criticado un poquito a nosotros mismos.

Y aunque cada vez seas más consciente de tus defectos, los corrijas y no vuelvas a cometer los mismos errores, mantén siempre la calma y la comprensión hacia los demás. Recuerda dos cosas: primero, que no se equivocan a propósito. Segundo, que has cometido muchos errores hasta ahora. Y los sigues cometiendo.

En realidad, el proverbio del principio del capítulo tiene una segunda parte: Errar es humano; perdonar, divino.

Práctica 42

Perdonar y amar a los que se equivocan

«Cuando alguien te maltrate o hable mal de ti,
persuádete que él cree a ello estar obligado.
No es entonces posible que él se adhiera a lo que
a ti te parece, sino a los suyos propios: tal que;
si él tiene un parecer erróneo es solo quien se hiere
pues solo él es quien se equivoca. En efecto,
si alguien cree falso un silogismo verdadero,
no es el silogismo quien sufre, sino quien en su juicio
se ha engañado. Si te sirves bien de esta regla,
soportarás pacientemente a quienes de ti mal hablen;
pues a cada injuria, no dejarás de decir:
"él cree tener razón".»

Epicteto

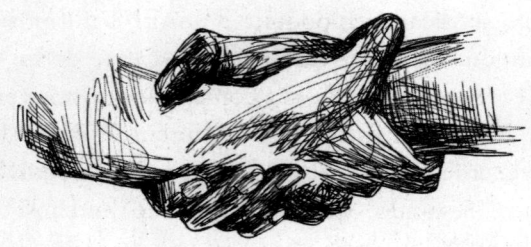

El estoicismo llama al perdón.

Los estoicos recuerdan la ignorancia de los malhecho-res. No hacen el mal a propósito, sino que lo que hacen les parece lo correcto en sus situaciones.

Tenemos el privilegio, dice Marco Aurelio, de «amar incluso a los que tropiezan». Se recuerda a sí mismo cuatro cosas: (1) que los que tropiezan son nuestros parientes, (2) que hacen el mal involuntariamente, (3) que, de todos modos, todos estaremos muertos pronto, y (4) que solo pueden herirnos si así lo decidimos.

Por tanto, está en nuestra mano (y en nuestro deber) amar incluso a los que tropiezan. Séneca también dice: «Nada considero mejor [...] que otorgar muchas mercedes y no recibirlas de nadie».

Es muy consciente de que los demás hacen lo que les parece correcto y, por tanto, los perdona. Y al mismo tiempo sabe que si no le perdonan a él es porque no les parece necesario.

Sé indulgente, aunque los demás no lo sean. Predica con el ejemplo, sabiendo que ellos no ven lo que tú ves.

En cierto sentido, los estoicos ven a las personas que tropiezan como equivocadas y carentes de sabiduría, más como niños que como personas maliciosas. Ni siquiera son capaces de reconocer que lo que hacen va en contra de su propio interés. Están ciegos. Es como una enfermedad.

No se dan cuenta de lo que hacen. Y, como están enfermos, en realidad no tienen elección. Entonces, ¿quiénes somos nosotros para culparlos? No nos enfademos por lo que hacen, porque eso sería imitar su enfermedad.

La única respuesta adecuada es la compasión y el perdón.

Marco Aurelio hace una bonita comparación: dice que desear que el hombre ignorante no haga el mal es como pedir a una higuera que no produzca higos, que los bebés no lloren y que los caballos no relinchen. Son cosas inevitables. Simplemente ocurren por naturaleza.

No desees que la gente no haga el mal, más bien desea tener la fuerza necesaria para aceptar y perdonar.

¿Te imaginas lo benévolo que serías si pudieras ver los errores de los demás como algo inevitable, natural o consecuencia de una enfermedad? Se han equivocado de camino. No es culpa suya.

De nuevo, la única respuesta adecuada es la compasión y el perdón. Además, intentar ayudar en lugar de culpar a los que tropiezan.

Atención: En todo momento, ten en cuenta que puedes equivocarte. Tal vez seas tú quien se equivoque esta vez.

Práctica 43

Compadecerse en lugar de culpar al malhechor

«Cualquiera que recuerde esto claramente, que para el hombre la medida de toda acción es la apariencia (por lo demás, o la apariencia es acertada o desacertada; si acertada, es irreprochable; si desacertada, él mismo recibe el castigo, pues no puede ser uno el que anda equivocado y otro el perjudicado), no se irritará con nadie, no se enfadará con nadie, a nadie insultará, a nadie hará reproches, no odiará, no se impacientará con nadie.»

EPICTETO

¿Hay personas que hacen el mal? Compadécete de ellos en lugar de culparlos.

No lo hacen a propósito. Están cegados y cojos en su facultad más soberana: su mente, y por tanto en su capacidad de pensar con claridad y usar la razón.

¡Esa pobre gente! Aunque lo que hacen te haga daño, debes saber que están cegados y no se dan cuenta de lo que hacen. Si eres capaz de aceptar que están mal, no te enfadarás con nadie, no injuriarás a nadie, no culparás a nadie y no ofenderás a nadie.

Esto es lo que nos piden los estoicos: ser lo mejor posible, aunque nos den una bofetada en la cara. Y saber que el malhechor está cojo en su facultad más importante es una ayuda inmensa.

No juzgarías a un compañero lesionado cuando no puede coger el balón. Del mismo modo, el jugador lesionado no debería juzgar a la persona que le echa la bronca. Porque el agresor también está lesionado, solo que no en su cuerpo, sino en su mente. Aunque no lo veamos desde fuera.

Esa persona ya tiene suficiente desgracia por estar ciega en lo más importante.

Sin embargo, si te resulta difícil reconocer que las personas que te hacen daño están heridas, simplemente debes saber esto: «El que peca, peca contra sí mismo; el que comete una injusticia, contra sí la comete, y a sí mismo se daña».

Marco Aurelio está señalando que, en última instancia, las personas se perjudican a sí mismas cuando se equivocan. Tal vez sientan culpa o vergüenza después de actuar injustamente, o tal vez no sientan nada. No importa.

Pero ya sabes que la virtud es el bien supremo. Si haces lo correcto, vivirás una vida feliz. Y lo mismo ocurre con las personas que actúan mal. No llevarán una vida feliz.

Lo que va, viene.

Cuando alguien te hace daño, tienes varias opciones. Tal vez consideres que lo sucedido es malo y te sientas herido por ello. Tal vez juzgues al infractor como malo y te enfades con él. Tal vez veas la situación como algo neutral y saques lo mejor de ella. Y tal vez reconozcas que el malhechor está cegado en su capacidad de usar la razón, y elijas compadecerlo en lugar de culparlo.

Está en tu mano ser amable con la gente. Está en tu mano mantenerte fiel a tu camino y responder a los malhechores con compasión, perdón y amabilidad.

Porque aunque sus palabras o sus actos te hagan daño, sabes que están cojos en su facultad más importante y que al final se harán daño a sí mismos.

Práctica 44

....

La bondad es la fuerza

«Dondequiera que haya un ser humano existe
una probabilidad para la bondad.»

SÉNECA

Cada vez que te encuentras con otro ser, tienes la oportunidad para ser amable. No hace falta que sea un ser humano, también pueden ser gatos, perros y otros animales,
incluso plantas.

Si quieres ser lo mejor posible, la amabilidad es un
gran valor que debes desarrollar. Y nada puede impedirte
ser amable. Siempre puedes serlo: sonríe a tu vecino por la
mañana, saluda al conductor del autobús y da las gracias
a la cajera del supermercado.

Dice Marco Aurelio: «Que la benevolencia sería invencible si fuera noble y no burlona ni hipócrita. Porque,
¿qué te haría el hombre más insolente, si fueras benévolo
con él y si, dada la ocasión, le exhortaras con dulzura y le
aleccionaras apaciblemente en el preciso momento en que
trata de hacerte daño?».

La próxima vez que te traten mal, no te resistas, acéptalo. No te resistas a lo que ocurre. Acéptalo como es y
responde con tolerancia y amabilidad, es lo mejor que

puedes hacer. «La mayoría de las groserías, mezquindades y crueldades son la máscara de una debilidad muy arraigada», dice Ryan Holiday. «La amabilidad en estas situaciones solo es posible para personas de gran fortaleza.»

Sé amable y muestra esa fuerza.

Has nacido amable, dice Marco Aurelio. Es tu naturaleza actuar de forma amable y solidaria. Recuerda que todos somos hermanos y hermanas, e incluso cuando los demás se equivocan debemos responder amablemente. Eso es el amor fraternal.

¿Qué te detiene? ¿Cómo quieres mostrar más amabilidad? ¿Cuándo y dónde quieres regalar tu sonrisa, ser tolerante con las personas que se equivocan, dar las gracias de forma amable y sincera, echar una mano?

Recuerda las palabras de Séneca: «Dondequiera que haya un ser humano existe una probabilidad para la bondad». Y escúchalo de nuevo: «Dice Hecatón: te descubriré un modo de provocar el amor sin filtro mágico, sin hierbas, sin ensalmos de hechicera: si quieres ser amado, ama».

Práctica 45

Cómo afrontar los insultos

«¿No es mejor curar la injuria que vengarla? La venganza
absorbe mucho tiempo y nos expone a multitud de
ofensas por una sola que nos molesta. En todos dura
más la ira que la injuria: ¿no es mejor seguir otro camino
y no oponer vicios a vicios? ¿Te parecería en sano juicio
el que devolviese la coz al mulo o el mordisco al perro?»

SÉNECA

Los comentarios simples pero mezquinos pueden arruinarte todo el día. Pero solo si se lo permitimos.

Es fácil enfadarse y contraatacar con un insulto. O, si no estamos de acuerdo con lo que dice alguien, podemos pensar: «¡Se va a enterar!».

Esta es la peor respuesta posible a un mal comportamiento.

Entonces, ¿cuál sería una respuesta estoica a los insultos? William Irvine comparte algunas estrategias en un capítulo sobre los insultos en su libro *El arte de la buena vida*.[12] Veamos algunas de su libro y otras más.

---

12. Paidós, Barcelona 2019.

Una de las estrategias consiste en detenerse y preguntarse si lo que han dicho es cierto. «¿Qué agravio es decirme lo que está manifiesto?», se pregunta Séneca.

Además, preguntémonos quién nos ha insultado. Si es alguien a quien respetamos, entonces valoremos su opinión y aceptémosla como algo que podemos mejorar. Si no respetamos la fuente, no hace falta molestarse.

Séneca aconseja mirar a quien nos insulta como si fuera un niño grande. Al igual que sería una tontería que una madre se enfadara por los comentarios de su hijo, nosotros seríamos igual de tontos si permitiéramos que los insultos de una persona infantil nos hiriesen. Las personas con un carácter tan deficiente no merecen nuestra ira, dice Marco Aurelio, solo merecen nuestra compasión.

Recordemos que las personas racionales y sabias no insultan a los demás, al menos no a propósito. Así que, si alguien nos insulta, podemos estar seguros de que esa persona tiene un carácter deficiente e inmaduro. Irvine dice que sentirse insultado por alguien es como tomarse el ladrido de un perro como algo personal. Seríamos tontos si nos molestáramos por ese perro y nos pasáramos el resto de día pensando: «¡Oh, Dios! A ese perro no le gusto».

Marco Aurelio pensaba que podemos aprender de quienes nos insultan. «La mejor manera de defenderte es no asimilarte a ellos.» La mejor venganza es dejarlo pasar y ser un mejor ejemplo.

¿Y cómo debemos responder cuando hay un enfrentamiento?

Los estoicos dicen que mejor usar el sentido del humor que contestar con otro insulto.

Haz una broma y ríete.

Puede ser difícil encontrar las palabras adecuadas, ¿verdad? Así que la mejor estrategia puede ser no responder en absoluto. En lugar de reaccionar ante un insulto, dice Musonio Rufo: «Soporta con calma y tranquilidad lo ocurrido».

Recuerda el arte de la aquiescencia: queremos aceptarlo todo tal y como sucede. Porque no está bajo nuestro control y no podemos cambiarlo cuando ya ha sucedido. La realidad es como es.

Así que no mostremos ninguna resistencia al insulto. No reacciones atacando, defendiéndote o retirándote, deja que te resbale. Como si no estuvieras allí. No ofrezcas resistencia.

Nadie resultará herido. Así te volverás invulnerable. El insulto te resbala. Esa persona no tiene poder para controlar cómo te sientes.

No obstante, siempre puedes hacer saber a esa persona que su comportamiento es inaceptable, si tú quieres. En determinadas situaciones, esto puede ser necesario. Tenemos que enseñar a los niños a comportarse correctamente. Cuando un niño, o incluso un alumno, interrumpe la clase insultando al profesor o a otros alumnos, el profesor debe reprender al que insulta para garantizar un ambiente adecuado en clase.

La reprimenda no es una reacción emocional al insulto, sino una acción elegida racionalmente para ayudar a la persona que insulta a mejorar su comportamiento, y para asegurar que el ambiente sea el adecuado.

Una estrategia más es tener en cuenta lo que dice Epicteto: «Recuerda que lo que ofende no es la acción del que te insulta o te golpea, sino la opinión que tienes acerca de lo que significa ser ofendido».

Solo pueden ofendernos si lo permitimos. Si no nos importa lo que digan los demás, no nos sentiremos insultados. Al fin y al cabo, las acciones de los demás no están bajo nuestro control, por lo que, en última instancia, son indiferentes. Así que no nos preocupemos demasiado por lo que los demás digan de nosotros y sobre nosotros. ¿Qué sabrán ellos? Mira lo que dice Marco Aurelio: «Muchas veces me he preguntado con admiración cómo cada uno se tiene en más estima que a todos y, sin embargo, toma en menos consideración su propia opinión personal que la de los demás. Y, por ejemplo, si un dios o un sabio maestro se personase junto a uno y le diese la orden de que nada pensara o reflexionara en su interior que no lo expresara al mismo tiempo a gritos, ni siquiera un solo día lo aguantaría. Hasta tal punto respetamos más la opinión de los vecinos sobre nosotros que la nuestra propia».

En serio: no te tomes demasiado en serio las opiniones de los demás sobre ti. Entrénate para tolerar sus insultos.

Conseguirás ser más eficaz a la hora de reaccionar adecuadamente, te harás más fuerte, e incluso puede que te vuelvas invencible. Dice Epicteto: «¿Quién es invencible? Aquel que no puede ser perturbado por nada más que su decisión razonada».

Práctica 46

Los arañazos te los haces entrenando

«En los ejercicios del gimnasio, alguien nos ha desgarrado con sus uñas y nos ha herido con un cabezazo. Sin embargo, ni lo ponemos de manifiesto, ni nos disgustamos, ni sospechamos más tarde de él como conspirador. Pero sí ciertamente nos ponemos en guardia, mas no como si se tratara de un enemigo ni con recelo, sino esquivándole benévolamente. Algo parecido ocurre en las demás coyunturas de la vida. Dejemos de lado muchos recelos mutuos de los que nos ejercitamos como en el gimnasio. Porque es posible, como decía, evitarlos sin mostrar recelo ni aversión.»

MARCO AURELIO

Cada día y cada situación es como un ejercicio de entrenamiento. Acepta las cosas rápidamente, aunque te molesten: es solo un entrenamiento.

A veces nos hacemos arañazos. No culpes a tu compañero de combate. No culpes a lo que está sucediendo. Todos estamos entrenando. Las cosas van mal. La gente se comporta como si fuera idiota.

De repente, las apuestas son cada vez más bajas. Interpretamos los errores con más generosidad. Alargamos la prórroga un poquito más. Así nos hacemos más resistentes.

Imagina lo contrario. Ver todas las situaciones como si el campeonato estuviera en juego. Estarías en vilo todo el tiempo y reaccionarías ante cualquier cosa. Es mucho más inteligente estar tranquilo y evitar los golpes con un simple movimiento de cabeza. Simplemente sacúdete el polvo, como si estuvieras entrenando. No ha pasado nada. Sigue adelante.

No te enfades por hacerte arañazos. Hay quienes se toman las cosas tan en serio que, vistos desde fuera, parecen ridículos. Creen que una mancha apenas visible estropea su aspecto, que merece la pena pelearse por un comentario soez o que un resto de leche en un vaso es motivo suficiente para volverse loco.

Mira, puede que estas cosas sean importantes para ti, pero ninguna de ellas es motivo para que te dé un ataque. Mantén la calma, a veces nos hacemos arañazos. Sonríe y sigue adelante. Y, si lo ves oportuno, di a los demás lo que opinas sobre cómo hay que comerse un helado, conversar con los demás o cuánta leche hay que dejar en la botella.

«El arte de vivir se parece más a la lucha que a la danza», como decíamos en el primer capítulo, «porque una vida con arte requiere que estemos preparados para afrontar y resistir ataques repentinos e inesperados».

Marco Aurelio nos recuerda que debemos estar preparados para los golpes repentinos. Todos esos golpes que nos da la vida son oportunidades para entrenar. Cada bofetada encierra la oportunidad de mantener la calma y fortalecer lo que quieres ser, pero también el riesgo de ponerte furioso y seguir convirtiéndote en lo que no quieres ser.

Eres un guerrero. Nada ni nadie puede hacerte perder el equilibrio fácilmente. Estás preparado para aguantar golpes directos y patadas laterales. Así es la vida. Mejor aún, como sabes que las patadas te hacen más fuerte, te frotas las manos y las esperas con ansias. No pueden llegar de forma inesperada y con la suficiente fuerza.

Quieres ser fuerte. Quieres saber manejarte ante la adversidad. Quieres ser inquebrantable en medio de la tormenta. Quieres mantener la calma cuando los demás entran en pánico.

Así que no puedes permitirte el lujo de no dar la cara cada vez que te haces un rasguño. Es solo un entrenamiento. Sonríe y sigue adelante.

Práctica 47

No abandones ni a los demás ni a ti mismo

«Los que se oponen a tu andadura según la recta razón, al igual que no podrán desviarte de la práctica saludable, así tampoco te desvíen bruscamente de la benevolencia para con ellos. Por el contrario, mantente en guardia respecto a ambas cosas por igual: no solo respecto a un juicio y una ejecutoria equilibrada, sino también respecto a la mansedumbre con los que intentan ponerte dificultades, o de otra manera te molestan. Porque es también signo de debilidad el enojarse con ellos, al igual que el renunciar a actuar y ceder por miedo, pues ambos son igualmente desertores, el que tiembla, y el que se hace extraño a su pariente y amigo por naturaleza.»

MARCO AURELIO

Lees. Como lector, aprendes nuevas ideas y diferentes formas de valorar y hacer las cosas. Pones en práctica lo que más te resuena y, como consecuencia, abandonas tu antiguo comportamiento y experimentas lo recién aprendido.

La cuestión es que uno cambia con el tiempo. No te aferras a los viejos hábitos solo porque es conveniente, quieres crecer y probar cosas nuevas, y conservar las que te han funcionado.

Hace unos años, aprendí mucho sobre la leche y los productos lácteos y decidí dejar de consumirlos por el bien de mi salud. Este cambio me afectó sobre todo a mí. En algunas ocasiones, puede que afectara también a otras personas, por ejemplo cuando le dije a mi padre: «Lo siento, no puedo comerme esta tortita porque le has puesto leche». O cuando me negaba a aceptar ningún postre o comida que tuviera un poco de leche.

Decidí no seguir por ese camino por una cuestión de simplificar. Por mí y por los demás. No quería dar explicaciones cada vez que no me comía algo que tuviera un poco de leche. Además, algunas personas querían preparar cosas especiales para mí, y yo no quería eso. Por otra parte, me he pasado la vida bebiendo leche y nunca ha sido un problema, así que ¿por qué hacer un drama por unas gotas de leche?

Así que, al no ser radicalmente estricto con la leche, mi cambio fue suave y no afectó a nadie más que a mí.

Pero hay otros cambios con los que podríamos encontrar obstáculos más difíciles. «Los que se oponen a tu andadura según la recta razón, al igual que no podrán desviarte de la práctica saludable, así tampoco te desvíen bruscamente de la benevolencia para con ellos. Por el contrario, mantente en guardia respecto a ambas cosas por igual: no solo respecto a un juicio y una ejecutoria equilibrada, sino también respecto a la mansedumbre con los que intentan ponerte dificultades, o de otra manera te molestan», dice Marco Aurelio. Cuando estés cultivando nuevos hábitos e intentes progresar, es posible que los demás no vayan tan rápido ni estén dispuestos a seguirte.

Ahora el reto es no abandonar el nuevo camino y, al mismo tiempo, no abandonar a nuestros amigos y familiares.

Ryan Holiday lo compara con la dieta: cuando todos los de tu pandilla comen de forma poco saludable, hay un consenso natural. Pero si, después de leer algún libro sobre el tema, decides empezar a comer sano, de repente tenéis preferencias opuestas. Ahora discutís sobre dónde ir a comer.

«Al igual que no debes abandonar tu nuevo camino solo porque a otras personas no les guste», dice Ryan, «tampoco debes abandonar a esas personas. No los desprecies ni los dejes de lado. No te enfades ni te pelees con ellos. Al fin y al cabo, están en el mismo lugar en el que estabas tú no hace mucho».

Solo porque leas *Sin trigo, gracias*[13] y de un día para otro decidas no comer más gluten, no puedes dejar de ver a todos tus amigos porque ellos sí lo sigan comiendo. Venga, si hace apenas unos días fuiste tú quien organizó la noche de la pizza.

Así que no debemos abandonar a los demás solo porque hayamos elegido cambiar, pero tampoco debemos abandonar nuestro nuevo camino. Ese es un reto al que todos nos enfrentaremos tarde o temprano, no necesariamente con el gluten, pero sí con otras ideas y valores.

Comer menos carne (o no comerla), perder menos tiempo con los videojuegos, ver menos las noticias, pasar

---

13. William Davis, *Sin trigo, gracias,* Aguilar, Madrid 2014.

más tiempo al aire libre, leer más, comprar menos cosas materiales, hacer ejercicio más a menudo, dejar de beber en exceso cada fin de semana o quejarse menos.

Ahora puede que te resulte difícil seguir tu nuevo camino y no abandonar a los demás. Porque las diferencias pueden ser enormes. Pero, si lo intentas y le das un poco de tiempo, estoy seguro de que encontrarás la manera de hacerlo. Lleva tu propia comida a la noche de la pizza, prepárate para ayunar si es necesario, explica a los demás tus motivos o empieza comprometiéndote una vez al mes.

Sigue siendo amable y paciente con los demás, después de todo, tú estuviste en el mismo lugar que ellos no hace mucho tiempo.

Encuentra la manera de no desviarte de tu nuevo camino. No traiciones tus valores.

Práctica 48

....

Compra tranquilidad por muy poco

«Comienza, por lo tanto, con pequeñas cosas.
¿Se ha derramado un poco de aceite? ¿Se han robado
un poco de vino? Piensa en lo siguiente:
"Éste es el precio de la serenidad y la tranquilidad;
y nada es gratis en esta vida".»

EPICTETO

Esta es una de mis ideas estoicas favoritas.

«A cambio, compro tranquilidad.» Esta frase me ha salvado innumerables veces de enfadarme e irritarme. ¿Con qué frecuencia nos enfadamos por nimiedades? ¿Cuántas veces perdemos la cabeza por algo tan insignificante como un pedo en el baño?

Dejamos que las cosas pequeñas despierten nuestra ira y nuestras acciones consecuentes despiertan la ira de los demás, y así sucesivamente. Los estoicos quieren mantener la calma incluso en medio de la tormenta, y sin embargo nos da un ataque cuando nuestro compañero de piso se olvida de fregar los platos, deja marcas de salpicaduras en el váter o no hace sus tareas.

Obviamente, no tiene por qué ser así. Antes de reaccionar a cualquier cosa que despierte la ira en tu interior, dite a ti mismo: «A cambio, yo compro tranquilidad».

Después sonríe, haz lo que tengas que hacer y sigue con tu vida.

No pasa nada. Pronto te darás cuenta de que las pequeñas cosas que suelen irritarte no merecen la pena. Trágate cualquier sentimiento que surja en tu interior y sigue adelante. Esto te ahorrará un montón de nervios y energía.

El principal reto es éste: en primer lugar, tenemos que ser conscientes de los sentimientos que aparecen. Así que tenemos que ser capaces de interponernos entre el estímulo y la respuesta automática. Y, una vez en esa pequeña franja, necesitamos tener autodisciplina para elegir quedarnos con la tranquilidad y no reaccionar en absoluto.

Cuanto más a menudo seas capaz de comprar tranquilidad, más fácil te resultará. Y llegarás a ser capaz de comprar tranquilidad incluso en situaciones más difíciles.

Las marcas de salpicaduras no son ningún problema, solo se tarda unos segundos en limpiarlas. El vino tinto en tu vestido blanco tampoco es para tanto, solo es un vestido. Un empate decisivo en el último segundo contra tu equipo favorito sigue siendo manejable, es solo un juego. Un novio infiel es mucho más complicado, porque requerirá un poco de trabajo de duelo y de ira.

La cuestión es que cuanto más practiques la compra de tranquilidad, mejor lo harás. Hasta que llegue el momento en que serás capaz de comprar tranquilidad en medio de un infierno.

En última instancia, todo esto se reduce al principio estoico de que no son los acontecimientos los que nos alteran, sino nuestro juicio sobre esos acontecimientos. Si reconocemos nuestro poder y aportamos la suficiente conciencia y disciplina a las situaciones difíciles, estaremos en camino de convertirnos en personas emocionalmente resistentes y firmes.

Si ese es el camino que quieres seguir, pregúntate: «¿En qué situaciones podría comprar tranquilidad más a menudo?».

Práctica 49

Ponte en el lugar de los demás

«Siempre que otros te vituperen, odien o profieran palabras semejantes, penetra en sus pobres almas, adéntrate en ellas y observa qué clase de gente son. Verás que no debes angustiarte por lo que esos piensen de ti.»

Marco Aurelio

Solemos juzgar a los demás demasiado rápido.

- Del padre que no manda callar a sus hijos ruidosos en el tren, decimos que no tiene la menor idea de ser padre.
- Al conductor que se salta todos los semáforos en rojo, lo juzgamos rápidamente como un imbécil.
- De la madre que nos regaña en el patio de recreo, pensamos que está completamente loca.

Ahora bien, en la mayoría de los casos, no sabemos mucho de la otra persona y, sin embargo la juzgamos y nos quejamos de ella.

Los estoicos nos aconsejan ponernos en el lugar del otro, adoptar su perspectiva antes de emitir un juicio.

Deberíamos entrar en sus mentes, dice Marco Aurelio. Y ver cómo son. En qué trabajan. Y lo que evoca su amor y admiración. «Imaginar sus almas desnudas.» Deberíamos intentar ver las cosas desde su punto de vista antes de juzgarlos.

Para los estoicos, es más importante amar que ser amado. Se entrenan para lidiar con personas complicadas, sobre todo para evitar responder impulsivamente y con ira.

Por eso debemos intentar ponernos en su lugar y tratar de entender la razón de sus actos. Y tal vez veamos su razón. Tal vez los entendamos. Y tal vez concluyamos que están equivocados sobre su razón.

¿Recuerdas al padre de los niños ruidosos en el tren? ¿El que dijimos que no tiene la menor idea de ser padre? Bien. Déjame contarte una historia rápida sobre este hombre y sus hijos, ligeramente adaptada de la historia original que cuenta Stephen Covey en su obra *Los 7 hábitos de la gente altamente efectiva*.[14]

El padre está sentado en el tren, tapándose la cara con las dos manos, parece desgraciado. Sus dos hijos corren de un lado para el otro y gritan sin parar. La gente se molesta con ellos. Tú también te molestas y piensas que el padre debería cuidar mejor de sus hijos. Te levantas y te acercas al hombre:

«Disculpe, señor, sus hijos son muy ruidosos. ¿Podría decirles que se callen?»

«Oh, lo siento», responde. «Es que no sé qué hacer. Acabamos de salir del hospital, su madre ha muerto.»

---

14. Paidós, Barcelona 2011.

¡Ups!

Qué cambio de perspectiva, ¿verdad?

Juzgamos a la gente sin conocer la situación en la que se encuentran. No conocemos su historia, no sabemos por qué hacen lo que hacen. Básicamente no sabemos nada de ellos.

Hagamos caso del consejo de los estoicos y tomémonos siempre un segundo antes de juzgar a los demás. Ponte en su lugar y piensa en las posibles razones por las que actúan así. Quizá tú harías lo mismo si estuvieras en su situación. ¿Quién sabe?

Práctica 50

Elige bien tu empresa

> «Evita los espectáculos públicos y vulgares.
> Si ocasionalmente debes asistir a ellos, vigila
> tu comportamiento a fin de que no caigas
> imperceptiblemente en actitudes groseras.
> Ten por seguro que, por más íntegra y sana que sea
> una persona, si conversa con un compañero infectado,
> terminará infectado él también.»
>
> EPICTETO

No siempre podemos elegir a las personas con las que tratamos. Por eso los estoicos ofrecen tantas estrategias para lidiar con personas difíciles.

Pero, hasta cierto punto, podemos elegir nuestras compañías. Podemos elegir con quién queremos pasar la mayor parte de nuestro tiempo libre. Podemos elegir a qué eventos asistir y con quién ir.

Como dice Epicteto, si nuestros compañeros están infectados, nosotros también podemos enfermarnos. Por eso Séneca nos advierte de que los vicios son contagiosos: se extienden como un reguero de pólvora pero no se ven.

Esto es la presión de grupo: hacemos cosas que normalmente no haríamos. De repente nos comportamos de forma contraria a nuestros valores. Nos adaptamos a la gente de la que nos rodeamos. Tal vez ya has oído hablar de la famosa idea de Jim Rohn: «Eres la media de las cinco personas con las que pasas más tiempo».

Por eso debemos elegir bien a nuestros amigos. Tienen el poder de hacernos bajar o subir de nivel. O mejoras gracias a las personas con las que pasas el tiempo, o empeoras por su culpa.

«¿Te desagradan en el convite las agudezas de los chistosos dichas para atormentarle? Cuida de evitar las mesas demasiado numerosas: después del vino es más desenfrenada la licencia, porque hasta los mismos sobrios pierden el comedimiento.» Séneca da en el clavo. ¿La solución?

«Relaciónate con gente que pueda ayudarte a ser mejor.»

Ahora bien, es posible que haya personas a las que quieres pero que te arrastran con sus actitudes, incluso cuando están sobrios. Son perezosos. No les importa nada la moral. No les interesa mejorarse a sí mismos, por no hablar del estoicismo. Creen que es la idea más aburrida y pesada que has compartido con ellos.

¿Qué hacer con esas personas? Epicteto dice: «La clave es asociarse solo con personas que te eleven, cuya presencia saque lo mejor de ti mismo».

Así que, o están dispuestos a cambiar para mejorar, o simplemente pasa menos tiempo con ellos. Si tus amigos no te hacen mejorar, no te animan a seguir adelante, ni siquiera te apoyan en tu ambicioso objetivo de ser mejor persona, entonces es hora de deshacerte de ellos.

No es necesario que rompas la relación y no vuelvas a verlos, pero puedes pasar menos tiempo con ellos de forma consciente. Y siempre puedes hablar con ciertas personas, algunos serán todo oídos cuando les cuentes tus nuevos conocimientos, ideas y actividades.

Séneca también aconseja pasar menos tiempo con esas personas que siempre se quejan: el compañero «que anda siempre inquieto y el que se lamenta de todo».

Aparte de pasar menos tiempo con los que se quejan y los que nos deprimen, deberíamos intentar pasar más tiempo con las personas que pueden ayudarnos a ser mejores. Esto tiene todo el sentido: si pasas tiempo con una persona ejemplar, es más probable que te vuelvas como esta persona.

¿Dónde encuentras gente que te ayude a mejorar? Sé creativo. Prueba una clase de yoga, asiste a charlas TED u otras conferencias, únete a un club de lectura o a un curso de idiomas o lo que sea. Seguro que hay mucha gente de la que puedes aprender.

Pero recuerda que tú también puedes ser pesado. Todos tenemos defectos. Así que mientras pensamos en rodearnos de gente mejor, no debemos olvidar que también tenemos defectos. Cometemos errores, no siempre somos justos y podemos ser fastidiosos. Tenlo en cuenta.

En conclusión, la idea de elegir bien tus compañías no solo tiene que ver con las personas con las que más te relacionas, sino también con no perder tu precioso tiempo. La tentación y los ladrones de tiempo están al acecho a la vuelta de la esquina, por lo que debemos prestar atención a lo que hacemos y con quién lo hacemos.

En general, si quieres ser lo mejor que puedes ser, rodéate de las mejores personas. Si quieres evitar enfadarte y molestarte, no compartas tu tiempo con personas que puedan hacerte enfadar y molestarte.

Práctica 51

Júzgate solo a ti mismo

«Algunos se bañan con prisa; no digas que se bañan mal,
sino con prisa. Alguien bebe mucho vino; no digas que
bebe mal, sino mucho. Mientras no conozcas sus razones,
¿cómo puedes saber que sus acciones son malas? Esto
evitará que percibas una cosa con claridad, pero después
expreses algo diferente.»

EPICTETO

Nuestras mentes juzgan con mucha rapidez.

Etiquetamos a las personas basándonos en muy poca información. Tenemos prejuicios. Oh, es un profesor. Oh, es una mujer. Oh, mira los zapatos que lleva.

Encontramos errores en los demás un montón de veces.

Mira, la mayoría de las veces no queremos juzgar a los demás tan rápidamente, simplemente ocurre de forma automática; estos juicios aparecen en nuestra mente como por arte de magia.

Sin embargo, debemos asumir la responsabilidad de nuestros juicios. Porque podemos elegir seguirlos o no. Así que, aunque tu mente te diga que ese hombre es un mal padre por no vigilar a sus hijos, puedes elegir aceptar esta opinión o rechazarla.

Tienes el poder de hacer una pausa y observar la situación con objetividad. ¿Qué sabes de ese hombre? ¿Cuál es la situación exactamente?

Rechaza todo lo que no sea objetivo. Cíñete a los hechos y describe la situación de forma neutral. Sin añadirle ninguna valoración.

Recuerda que solo eres libre si puedes observar los acontecimientos externos con indiferencia. Y añadir inmediatamente una valoración a un acontecimiento es todo menos indiferente.

Debemos distinguir entre los hechos y nuestros juicios de valor añadidos. ¿Cuál es el hecho? ¿Qué he añadido?

La clave para poder hacerlo es posponer nuestra reacción. «Espera un poco, impresión... Déjame ponerte a prueba.»

Y ahora, en lugar de comprobar si tu impresión es cierta —lo cual, de todos modos, no suele ser importante—, recuérdate a ti mismo tu objetivo en la vida. Si asumes el compromiso de seguir los consejos de la filosofía, entonces tu objetivo es mejorar, superarte, expresar la versión más elevada de ti mismo.

«Que [la filosofía] te corrija de tus vicios y no te sirva para censurar los ajenos.»

Séneca nos recuerda aquí para qué sirve la filosofía: queremos corregir nuestros defectos. El foco está en el interior. Hacerte mejor a ti mismo y dejar que los demás hagan esa tarea por sí mismos. Cada uno debe seguir su propio camino.

Tus defectos están bajo tu control. Los defectos de los demás no. Corrige tus defectos y deja que los demás corrijan los suyos por sí mismos.

No debemos olvidar por qué hemos decidido dedicarnos a la filosofía: para mejorarnos a nosotros mismos. No es una herramienta para corregir a los demás. Esto solo causaría dolor y sufrimiento.

Deja a los demás con sus defectos. Nada en el estoicismo nos autoriza a juzgar los defectos de los demás, sino a aceptarlos y amarlos tal como son. Centrémonos en nuestro interior. Hay mucho que corregir en nosotros mismos.

Ahora detente un momento e imagina el mundo si todos nos abstuviéramos de hacer juicios apresurados y, por el contrario, nos centráramos en acabar con nuestros propios defectos. ¿Qué ves?

Práctica 52

Haz el bien, no solo no hagas el mal

> «A menudo se es injusto por omisión,
> y no solo por acción.»
>
> Marco Aurelio

Claro, es estupendo que no acoses a tus compañeros de trabajo. Pero si te limitas a observar, e incluso a reírte de los comentarios malintencionados del acosador, no eres mejor que él.

Detén los comportamientos inmaduros. Interponte, ayuda a la víctima. Reúne un poco de coraje y haz lo correcto.

Cuando los buenos ciudadanos se niegan a comprometerse, el mal triunfa. Hay un famoso dicho: «Lo único necesario para el triunfo del mal es que los hombres buenos no hagan nada».

No seas alguien que no hace nada. No hay nada que puedas perder. Si das ejemplo, muchos más te seguirán. La gente necesita un líder. Tú puedes ser ese líder.

Seguro que has sido testigo de esta escena: una persona maleducada molesta a todo el mundo.

Es un clásico. Todo el mundo observa cómo se comporta esa persona insoportable, y empiezan a enfadarse por dentro, pero nadie se atreve a detenerlo. Hasta que un héroe entra en escena, se acerca al energúmeno, le dice algo, y *voilà*, problema resuelto.

Todo el mundo podría haberlo hecho. Pero nadie creyó ser la persona indicada para hacerlo. O nadie tuvo el valor de enfrentarse al provocador.

Pero no siempre hay un héroe, y la locura continúa hasta que se acaba el partido, se termina la película o llegas a casa después de una noche llena de ansiedad.

Mira, sé que no es fácil dirigirse y enfrentarse a gente molesta, sobre todo si puede ser peligroso para ti: nadie te pide que luches contra un hombre con un cuchillo.

Empieza con cosas pequeñas. El masticador ruidoso que se sienta a tu lado en el tren. El compañero de trabajo con un aliento terrible. O el tipo de la sauna que no quiere cerrar la puerta.

Me costó dos largos minutos y algunos nervios decirle a aquel tipo que por favor cerrara la puerta de la sauna. En lugar de pedirle inmediatamente que cerrara la puerta tras de sí, me peleé conmigo mismo durante dos minutos, me enfadé un poco con él y me di cuenta de lo ridículos que eran mis pensamientos y mi comportamiento.

La próxima vez, seré más rápido en pedir lo que creo que son cosas normales de buena educación. Por favor, haga la cola como todo el mundo. Por favor, baje el volumen. Por favor, cierre la puerta.

Estoy de acuerdo, esto puede sonar un poco como si fuera un fanático del control. Pero, ¿no es mucho más inteligente enfrentarse, arriesgarse a una situación incómoda, y tal vez incluso ayudar a esa persona en lugar de cabrearse y enfurecerse por dentro y, sin embargo, no hacer nada?

Es curioso cómo llegamos a enfadarnos con los desconocidos en lugar de pedirles amablemente que se detengan o cambien. Ryan Holiday lo dice muy bien: «No solo queremos que la gente sea mejor, sino que esperamos que ocurra por arte de magia: hacer que los demás cambien, agujereándoles el cráneo con nuestra mirada furiosa».

Marco Aurelio aconseja el uso de la razón en estas situaciones: «¿Acaso te enfadas con alguien porque despide mal olor? ¿Te disgustas con otro porque exhala un aliento fétido? ¿Quizá puede impedirlo? La boca de uno será siempre lo mismo; el cuerpo de otro no puede cambiar; luego uno y otro no tienen más remedio que oler de ese modo. Sin embargo —dirán algunos—, el hombre está dotado de razón y puede reconocer fácilmente lo que le hace ser culpable. ¡Muy bien! Por consiguiente, tú también te hallas dotado de razón; sírvete, pues, de ella para excitar la suya; enséñale su deber y adviértele su falta. Si te comprende le curarás, y no te incomodes. No hay que hacer el trágico ni la cortesana».

Para mí es lo mismo. Es más fácil no decir nada y amargarse por ello que ser valiente, enfrentarse a ello y luego, quizás, alegrarse por haberlo hecho.

Sin embargo, como aspirantes a estoicos, deberíamos hacer acopio de todo nuestro valor e intentar mejorar la situación para todos los participantes. Si tienes mal aliento, ¿no te gustaría que te informaran de ello? Si hueles mal, ¿no te gustaría saberlo?

La persona que molesta puede no ser consciente de ello. Entonces, ¿por qué no señalarla y darle la oportunidad de cambiar? ¿Y al mismo tiempo darte la oportunidad de quedarte tranquilo?

No basta con no hacer el mal. Debemos ser una fuerza del bien en el mundo, incluso en situaciones poco importantes. Tan buenos como podamos.

Práctica 53

Di solo lo que es peor no decir

«Deja que el silencio sea tu objetivo en la mayoría de las ocasiones; di solo lo que sea necesario y sé breve. En las raras ocasiones en que te piden que hables, habla, pero nunca sobre banalidades como los gladiadores, los caballos, los deportes, la comida y la bebida, todos ellos temas vulgares. Sobre todo no cotillees sobre otras personas, alabándolas, culpándolas o comparándolas.»

EPICTETO

La próxima vez que hables con alguien, fíjate en la conversación. Verás que todo el mundo habla de sí mismo. Sea cual sea el tema, todo el mundo encuentra algo de su propia vida que añadir a la conversación.

Eso es lo que hacemos. Nos gusta hablar de nosotros mismos. Así que no escuchamos realmente lo que se dice, sino que nos preparamos para cuando sea nuestro turno.

Y, si hablamos de los demás, lo más seguro es que sea sobre algo que no hacen bien. Cotilleamos. Nos comparamos con los demás en lo que creemos que somos mejores. Si pensamos en ello, entregarse a las habladurías y juzgar a personas que no están presentes para defenderse no parece que sea demasiado justo.

Los estoicos lo tienen claro: no cotillees. No culpes. No te quejes. No hables demasiado. Especialmente no hables sobre aquello que no tiene sentido.

«No agobies a los demás con entusiastas relatos sobre tus hazañas.» Epicteto es estricto: no cuentes excesivas historias. «A nadie le importan mucho tus batallas y aventuras, y si te las consienten durante un rato es por mera educación. Hablar con frecuencia y en exceso de los propios logros resulta cansado y pretencioso.»

Nadie quiere escuchar tus anécdotas de instituto, deportes y fiestas. Es pesado y egocéntrico. Puede que te sientas muy bien siendo el centro de la conversación, pero ¿cómo se sienten los demás? Seguro que sonríen y hablan poco, pero ¿cómo se sienten realmente?

Marco Aurelio aconseja hablar solo de lo que consideremos justo, y hacerlo siempre con amabilidad, modestia y sinceridad.

La cuestión es: habla solo cuando estés seguro de que sería peor callarte lo que vas a decir.

Además, pon en práctica lo que predicas. Habla con tus actos más que con tus palabras.

Esta idea es muy sencilla de poner en práctica. Entra en una conversación con la intención de escuchar la mayor parte del tiempo. Observa de qué hablan. Fíjate si tienes el impulso interior de decir algo (probablemente estará relacionado contigo mismo), y solo dilo cuando sea peor no decirlo.

Conecta con la gente. No actúes para ellos. Deja que sean ellos los que hablen. Disfruta escuchando.

Práctica 54

Escuchar con la intención de comprender

«Acostúmbrate a no estar distraído a lo que dice otro,
e incluso, en la medida de tus posibilidades, adéntrate
en el alma del que habla.»

MARCO AURELIO

Los estoicos aconsejan escuchar más que hablar.

Y, si escuchas, debes prestar atención a lo que se dice para entender lo que el interlocutor está tratando de expresar. Así reconoces los valores y la autonomía de la otra persona.

El objetivo cuando entras en una conversación es entender lo que la otra persona quiere decirte. Escuchas con la intención de comprender. Esto se llama escucha empática. Y mejorará enormemente tus relaciones.

Resiste el impulso de hablar. Acepta que algo dentro de ti siempre quiere responder inmediatamente. Siempre quieres añadir algo a la conversación. Pero a menudo no es necesario e incluso puede ser perjudicial para la comunicación. Marco Aurelio lo describe bien: «Es preciso seguir, palabra por palabra, lo que se dice, y, en todo impulso, su resultado; y, en el segundo caso, ver directamente a qué objetivo apunta el intento; y en el primero, velar por su significado».

Su pregunta principal es: ¿Qué intenta expresar la otra persona?

Escucha lo que se dice y ten en cuenta también las emociones que lo acompañan. Así fomentas la comprensión y la conexión entre tu interlocutor y tú.

¿Recuerdas al fundador del estoicismo? ¿Zenón de Citio, el de los naufragios? El biógrafo griego Diógenes Laercio escribió que Zenón le dijo a un joven que hablaba sobre tonterías: «La razón por la que tenemos dos orejas y una sola boca es para poder escuchar más y hablar menos».

En la conversación, ten por norma contenerte. Sé la persona que escucha la mayor parte del tiempo, y di solo aquello que mejore la conversación. La gente te lo agradecerá, aunque no lo diga. Y no solo mejorarás tu capacidad de escucha empática, sino, en general, tu capacidad de conversar y observar y, además, tus relaciones personales.

Como dijo Zenón: «Más vale tropezar con los pies que con la lengua».

Práctica 55

Predicar con el ejemplo

«No pierdas más tiempo discutiendo sobre cómo
debería ser un buen hombre. Sé tú uno de ellos.»

MARCO AURELIO

Lidera con tus acciones. Sé un ejemplo. Un modelo activo
supera fácilmente a un sermón.

No des instrucciones, da ejemplo en silencio. «Nunca
te llames filósofo, ni hables mucho sobre teoremas igno-
rantes, sino actúa conforme a ellos. Por lo tanto, en un
banquete, no des lecciones sobre cómo deben comer las
personas, pero come tú con propiedad.»

Hay un gran peligro, dice, en hablar de lo que has
aprendido. Porque podrías vomitar lo que aún no has di-

gerido. «Porque las ovejas no vomitan la hierba para mostrar a los pastores cuánto han comido, sino que, digiriendo por dentro su alimento, producen por fuera.»

Del mismo modo, no hay que hablar de lo que aún no se ha digerido del todo, sino mostrar los actos que se derivan de la digestión de la teoría. No lo digas, demuestra lo que has aprendido.

Así, cuando alguien te trate bruscamente, puedas demostrar lo que has aprendido respondiendo con amabilidad y compasión. Porque, si respondes con descortesía, solo demostrarás que no has aprendido nada todavía. Serás igual que el otro.

Pero si consigues mantener la calma y la consideración, y respondes de forma tolerante y compasiva, estarás dando ejemplo. Y otros te seguirán. Tal vez incluso el malhechor.

Los estoicos dicen que debemos establecer normas y luego vivir según ellas. El trabajo de la filosofía es examinar y mantener las normas. «Así se juzgan y se pesan los asuntos: después de disponer los cánones; y en eso consiste el filosofar, en observar y asegurar los cánones; y luego, el servirse de lo conocido ya es tarea del hombre bueno y honrado.»

Epicteto no pudo ser más claro: debemos vivir según las normas que conocemos.

¿Te ha gustado alguna de las ideas presentadas en este libro? ¿Estás de acuerdo con alguna de ellas? Entonces quizá seas una persona verdaderamente buena que también vive de acuerdo con lo que sabe.

Pregúntate a ti mismo: «¿Quién quiero ser en el mundo de ahí fuera?».

Y luego vive de acuerdo con esa idea. Si quieres ser amable, sé amable. Si quieres ser paciente, sé paciente. Si quieres ser honesto, entonces sé honesto.

Si vives según tus creencias y normas, estarás en una armonía llamada consonancia cognitiva. Piensas de una manera y actúas de esa manera también. Esto es muy agradable.

Poner en práctica lo que crees que es correcto.

Predica con el ejemplo y los demás te seguirán. La gente sigue más la acción que la instrucción. Así que demuestra activamente lo que crees que es lo mejor que puedes hacer. Sé el cambio que quieres ver en el mundo.

«No pierdas más tiempo discutiendo sobre cómo debería ser un buen hombre. Sé tú uno de ellos.»

Agradecimientos

En primer lugar, me gustaría darte las gracias a ti, el lector, por dar a un autor novel desconocido la oportunidad de demostrar su valía. Gracias por tu tiempo. Lo aprecio sinceramente.

Nils, mi hermano, socio y amigo, gracias por tu apoyo incondicional. Sin ti, este libro nunca habría visto la luz.

Anastasia, nuestra artista griega, *efharisto* por tus impresionantes dibujos. Aportan el sabor justo.

Ryan Holiday, no me conoces, pero soy uno de los muchos a los que has introducido en esta maravillosa filosofía. Gracias por tu inspiración y tu trabajo.

Y gracias a todas las personas que me han apoyado en este arduo viaje. La lucha ha merecido la pena.

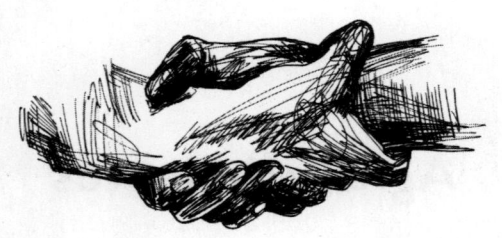

Gracias.

A todos los que me ayudasteis. Sois los primeros en leerlo y los mejores críticos. Gracias por el ímpetu incondicional de siempre y por vuestra confianza. Sin vosotros no sería nada.

A mi compañero de vida, gracias a todo tu amor incondicional. Gracias por tanta admiración y por tanta ilusión.

A mi familia, a mis amigos, a todos por vuestro apoyo constante durante todos estos años.

Al equipo editorial, por creer en este proyecto desde el principio. Gracias por todo este trabajo incansable y por la increíble ilusión con la que lo habéis hecho.

Y gracias a todos los lectores que me han apoyado en este proyecto. Esto es posible gracias a vosotros.

Bibliografía seleccionada

Covey, Stephen R. *Los 7 hábitos de la gente altamente efectiva*. Paidós, Barcelona 2012.

Diógenes Laercio. *Vidas y opiniones de los filósofos ilustres*. Traducción de Carlos García Gual. Alianza, Madrid 2013.

Epicteto. *Disertaciones por Arriano* (Biblioteca Clásica Gredos n.º 185). Versión Kindle. Traducción de Mercedes López Salvá. Barcelona 1993.

Epicteto. *Enquiridión o Manual de Epicteto*. Traducción de Denes Martos. La editorial virtual, Buenos Aires 2009: https://web.archive.org/web/20131002132645/ http://www.laeditorialvirtual.com.ar/pages/Epicteto/ Enquiridion.html

Frankl, Viktor. *El hombre en busca de sentido*. Herder, Barcelona 2015.

Hadot, Pierre. *La filosofía como forma de vida*. Alpha Decay, Barcelona 2009.

Hadot, Pierre. *La ciudadela interior*. Alpha Decay, Barcelona 2015.

Holiday, Ryan. *El obstáculo es el camino*. Océano, Barcelona 2020.

Holiday, Ryan, y Stephen Hanselmann. *Estoicismo cotidiano*. Océano, Barcelona 2021.

Irvine, William B. *El arte de la buena vida*. Paidós, Barcelona 2019.

Johnson, Brian. https://www.optimize.me/plus-one/how-to-high-five-your-inner-daimon/

Katie, Byron y Mitchell, Stephen. *Amar lo que es*. Books4Pocket, Barcelona 2009.

Long, A. A. *Epictetus: A Stoic and Socratic Guide to Life,* Clarendon Press, Oxford 2002.

Marco Aurelio. *Meditaciones*. Taurus, Madrid 2020.

Millman, Dan. *El guerrero pacífico*. Sirio, Málaga 2017.

Musonio Rufo, Epiteto *et al. Tabla de Cebes —Musonio Rufo. Disertaciones fragmentos menores— Epicteto. Manual fragmentos* (Biblioteca Clásica Gredos n.º 207). Versión Kindle. Gredos, Barcelona 1995.

Pigliucci, Massimo. *Cómo ser un estoico*. Ariel, Barcelona 2018.

Robertson, Donald. *Stoicism and the Art of Happiness*. Hodder & Stoughton, Londres 2013.

Robertson, Donald. *The Philosophy of Cognitive Behavioural Therapy (CBT)*. Karnac, Londres 2010.

Séneca. *Consolaciones — Diálogos — Epístolas morales a Lucilio*. Gredos, Barcelona 2019.

Séneca. *Tratados morales*. Austral, Barcelona 2012.

Stephens, William O. «Stoic Ethics». *Internet Encyclopedia of Philosophy*, http://www.iep.utm.edu/stoiceth/

Taleb, Nassim N. *Antifrágil*. Booket, Barcelona 2016.

¿Quieres más?

Mi hermano Nils y yo somos lectores voraces y tratamos de mejorar cada día. El estoicismo ayuda, la psicología positiva ayuda, la superación de la procrastinación ayuda y, sin embargo, seguimos luchando. No pasa nada. Solo hay que levantarse, estirarse un poco, mirar hacia adelante y avanzar.

En NJlifehacks.com escribimos para un pequeño ejército de personas extraordinarias y compartimos lo que nos parece más útil en nuestro vertiginoso mundo.

Si quieres unirte a nosotros y recibir artículos frescos en tu bandeja de entrada cada semana, inscríbete en NJlifehacks.com.

También puedes enviarme un correo electrónico a jonas@njlifehacks.com y decirme que quieres entrar (escribe FRESH ARTICLES en el asunto).

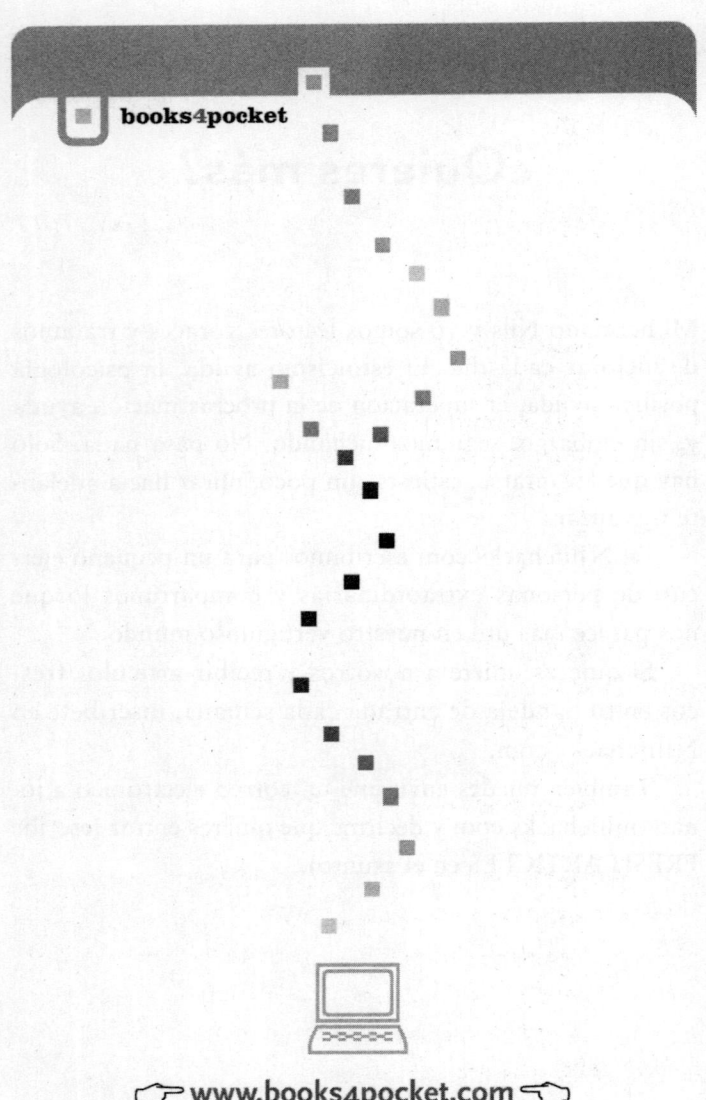